Bayern fürs Handgepäck

Bayern
fürs Handgepäck

Herausgegeben von Bianca Stein-Steffan

Übersetzungen von Ulrich Bossier,
Heinz-Georg Held und Irma Wehrli

Unionsverlag
Zürich

Im Internet
Aktuelle Informationen,
Dokumente, Materialien
www.unionsverlag.com

Unionsverlag Taschenbuch 554

Rieterstrasse 18, CH-8027 Zürich
Telefon 0041-44-283 20 00, Fax 0041-44-283 20 01
mail@unionsverlag.ch

Verwendung der Karte auf der Umschlaginnenseite mit freundlicher
Genehmigung von map.solutions GmbH, Karlsruhe
(www.mapsolutions.de)
Reihengestaltung: Heinz Unternährer
Umschlaggestaltung: Martina Heuer, Zürich
Umschlagfoto: aprott
Druck und Bindung: CPI – Clausen & Bosse, Leck
ISBN 978-3-293-20554-3

Inhalt

Oskar Maria Graf · … München? 7
Schalom Ben-Chorin · Münchner Glockenspiele 10
Klaus Reichhold · Warum die Weißwurscht ein Faschingsscherz ist 15
Thomas Wolfe · Ein Besuch auf dem Oktoberfest 18
Wolfgang Benkhardt · Der Zoigl – Bierkult aus der Oberpfalz 24
Kurt Tucholsky · Das Wirtshaus im Spessart 31
Steffen Radlmaier · Mit Samuel Beckett in Würzburg 39
Hermann Kesten · Wiedersehen mit Nürnberg 43
Hans Christian Andersen · Du bist doch die Hauptstadt Bayerns! 50
Jan Weiler · Ein Autor auf Lesereise 55
Claudio Magris · In Regensburg 65
Daniel Muggenthaler · Sie is a Mistviech! – Über die Essiggurke 72
Emerenz Meier · Waldlore – Eine Sage aus dem Bayerischen Wald 76
Karl May · Begegnung mit Ludwig II. 85
Lena Christ · Die Wallfahrt 93
Ludwig Thoma · Der Menten-Seppei – Eine altbayerische Wilderergeschichte 100
Eva Demski · Als der Krieg vorbei war – Aus einem bayerischen Dorf 106
Horst Mönnich · Die Geburt des Grundgesetzes 114
Gerhard Polt · Der CSU-Sammler 122
Corinna Binzer · G'redt is glei – Gedanken eines bayerischen Grantlers 125

Udo Watter · Wenn der Ober den König sticht – Schafkopfen für Anfänger 133
Hermann Hesse · Augsburgs bleibende Bilder 138
Martin Schleske · Auf der Suche nach dem perfekten Klang – Ein Geigenbauer erzählt 144
Michel de Montaigne · Reise durch Schwaben 149
Johann Wolfgang von Goethe · Auf dem Weg in den Süden 159
Werner Heisenberg · Eine Skitour in den Bergen Oberbayerns 163
Helma Schimke · Die Besteigung der Watzmann-Ostwand 170

Nachwort 175
Worterklärungen 180
Autorinnen und Autoren 182

… München?

Oskar Maria Graf

Möchten Sie, lieber Herr, nicht auch da sesshaft sein, wo es absolut keinen Nimbus, keine Kunst- und Literaturgötter und keinen Politiker gibt, dem man sonderlich viel zutraut? Wenn ja, dann kommen Sie nach München. (Nebenbei: Ich bin in keiner Weise vom Fremdenverkehrsverein bestochen, ich sage das rein aus mir heraus.) Unsere Stadt ist in jeder Weise finster und kleinbürgerlich. Sie ist katholisch und alles, was davon abweicht, ist bolschewistisch. (Als die Josefine Baker auftreten wollte, hieß man das so, und als der Glaspalast abbrannte, war das ein Werk »abgewiesener, bolschewistisch infizierter Künstler«.)

München ist seit langer, langer Zeit sozusagen auf den Hund gekommen, München ist sicher von allen deutschen Städten die provinzlerischste, wenngleich man von unserem wortreichen Reise- und Kunstphilosophen Hausenstein bis hinaus zu unserem ehrengeachteten Oberbürgermeister eifrigst bemüht ist, das Vergangene dieser Stadt wieder zu Glanz zu bringen. (Zukunft kennt man hierorts nicht, kaum Gegenwärtiges.) Verlassen Sie sich drauf, dass das auch nie anders wird. Da hilft keine Revolution, kein Hitler, ja nicht einmal der Rückgang der Fremdenfrequenz. Wir sind und bleiben ein stadtähnliches Dorf und können wirklich nichts anderes mehr tun, als gemütlich sterben.

Grad aber dieses gemütliche Sterben ist das Faszinierende dieser Stadt. Es macht uneitel, versöhnlich und wunderbar glaubenslos. Und weil wir alle, wir echten Münchner, durch unsere katholische Herkunft nihilistisch in einem herrlich wurschtigen Sinn angekränkelt sind, darum lässt sich's hier gut leben. Wir sind froh, dass uns irgendjemand regiert, dass jemand immer wieder versucht, uns auf diese oder jene Weise vorwärts zu bringen. »Lasst's ihn nur! Wird's was, haben wir den Nutzen! Wird's nichts, kann man drüber granteln!« Das ungefähr ist unsere Grundeinstellung.

Darum gibt es bei uns auch so viele kleine Geschäftsleute und Handwerkermeister. Jeder will sein eigener Herr sein, will leicht verdienen und andere für sich arbeiten lassen.

München ist das Eldorado des echten, kleinen versteckten, muffigen Genießers, der ohne viel Kosten alle Annehmlichkeiten dieses Lebens haben will. Bei uns herrscht der Geist des Privaten absolut.

Hier kann man bedächtig herumgehen und alles mit der behaglichsten Lust am Detail ansehen. Wo anders wäre das unmöglich. In einer richtigen Stadt ist Bewegung, ist Geschäft, ist Hast und Arbeit, und sogar die liebenswerten Dinge überstürzen sich dort. In München kann jeder seine kleinen und großen Passionen völlig auskosten. Ganz nach seiner asozialen, eigensinnigen Manier. Kann er's beispielweise aus Not und Hunger nicht, so ist er Bolschewist.

Eins ist wirklich imponierend an uns Münchnern: Hier kannst du als der Berühmteste und Begehrteste durch die Straßen gehen, kannst in den Läden und Lokalen auftauchen, kein Mensch wird dich sonderlich beachten. Du bist einer wie alle. Du bist nackt eben nackt. Du bist gestorben nur eine Leiche und zuletzt ein Haufen Dreck. Diese unaufdringliche Respektlosigkeit ist die geistige Essenz Münchens. In Berlin – seid ehrlich! – gibt es seit dem »Abgang« des glorreichen Wilhelms zwo ungewöhnlich viele kleine Wilhelms. Und überall! In der Politik, in der Kunst, in der Literatur, in der Wissenschaft und beim Theater. Und jeder hat seinen Kreis, seine Anhängerschar wie früher der Kaiser seinen Hofstaat. Und wird doch so viel Wesens dahergemacht dort von wegen Kollektivismus!

So was fehlt in München und hat immer gefehlt. Und darum liebe ich diese seltsame Stadt. Vielleicht habe ich selber sehr viel von ihr.

Und sonst?

Die Bauten, die Museen und sonstigen Schönheiten bei uns?

Gehn S' doch, Herr! Sowas ist doch für die Fremden, doch nicht für uns! Wie hat doch Karl Arnold im »Simplizissimus« gesagt, als das »Deutsche Museum« in aller Munde kam?

Da hockten echte Münchner vor dem Maßkrug und dem weinenden Radi in einem Biergarten und einer brummt aus dem tiefsten, grantigsten Nachdenken heraus: »Dös mit dem Deutschn Museum, dös wird si(ch) aa (auch) net lang hoitn (halten) ... Wer red't denn heunt (heute) no(ch) von der Pinakothek ...«

Ein Ausspruch, der das Münchnerische vollauf erklärt.

Münchner Glockenspiele

Schalom Ben-Chorin

Nicht vom Glockenspiel am Münchner Rathaus ist hier die Rede, obwohl es das Entzücken meiner Kindheit war. Wenn täglich um elf Uhr am Marienplatz sich das Turnier der Landshuter Fürstenhochzeit im Puppenspiel wiederholt, wenn in anderer Etage sich der Schäfflertanz immer neu ereignet, versammeln sich Reisende aus Europa und Amerika, um dieses mechanische Wunderwerk zu bestaunen, aber auch der Münchner selbst hält wohl den Schritt an, um diese harmlose Schaustellung unter Glockenmusik immer wieder zu genießen. Auch ich habe es nicht verabsäumt, meinen Kindern diese Wonne der eigenen Kindheit bei Besuchen in München zu bieten.

Das Glockenspiel vom Rathaus läutete durch meine Kinderträume, wobei sich die Freude über die bunten Figuren und die klingenden Glocken mit einer seltsamen Angst vermählte. Ich selbst stand inmitten der Szenerie, musste vor den anreitenden Rittern oder den tanzenden Schäfflern, den Fanfarenbläsern und Narren fliehen und in kühnem Sprung vom Rathausturm in die Tiefe fallen.

Ich überlasse es neidlos den Psychoanalytikern, diesen sich stets wiederholenden Kindheitstraum zu deuten. Er hängt innig zusammen mit einem Horrortraum, der auf das in München so beliebte Handspielpuppentheater mit dem Kasperl zurückgeht, das ich auf der Auer Dult und bei Darbietungen eines Giesinger Gesellenvereins gesehen hatte. Der Münchner Humor machte nicht einmal vor dem Tode halt, der als Totenschädel im langen Sterbehemd erschien. Dieser makabre Scherz verdüsterte das kindliche Gemüt.

Bis heute ist mir eine gewisse Scheu vor Handspielpuppen geblieben, vielleicht weil ich sie – natürlich im Unterbewusstsein – frühzeitig als Symbol des manipulierten Menschen erkannte.

Das berühmte Glockenspiel mit seinen mechanischen Figuren hatte für mich ebenfalls eine dämonische Schattenseite, die ich noch immer verspüre, zumal mir Figuren auf hohen Gebäuden, vor allem Karyatiden, immer unheimlich sind. Nur zögernd kann ich ein Bauwerk betreten, dessen Balkone von vollbusigen Genien oder wilden Männern getragen werden. Die kindische Furcht, dass diese unentwegten Lastträger sich ihrer Bürde entledigen könnten, werde ich nicht los.

Das Schicksal hat es gut mit mir gemeint: In Jerusalem kennt man derartigen Fassadenschmuck nicht, eingedenk des biblischen Verbotes: »Du sollst dir kein Bildnis machen«, an das sich Juden und Mohammedaner halten.

Aber ich will nicht vom berühmten Glockenspiel auf dem Rathausturm erzählen, sondern von einem anderen Glockenspiel, das unter diesem Namen nicht bekannt, aber in meinem inneren Ohr gegenwärtig ist. Das Glockenspiel, dem ich gegen Mittag in der paradiesischen Umwelt des Englischen Gartens auf dem Monopteros lauschte.

In diesem kleinen neugriechischen Tempel saß ich oft lesend. Wenn ich aber den Blick von den Seiten hob, fiel er auf die Türme der Stadt, die ihre Wahrzeichen bilden, und wenn dann die Glocken zu schlagen begannen, konnte ich sie wohl unterscheiden – das Dröhnen vom Dom der Frauenkirche, der Ruf von St. Peter und von Heilig Geist und vordergründig der Klang der barocken Theatinerkirche.

Nur wer das Lied, die Sinfonie der heimatlichen Glocken so kennt (oder kannte), scheint mir ganz zugehörig zu sein, so sehr es ihm bestritten sein mochte.

Der Weg von meinem Elternhaus an der Oettingenstraße zur Universität führte durch den Englischen Garten, und ein kleiner Abstecher brachte mich immer wieder auf die künstliche Höhe des Monopteros, wo ich tags die Wonnen der Einsamkeit, nachts wohl auch manchmal die der Zweisamkeit kosten durfte.

Unvergessliche Stunden. Hier las ich Thomas Manns *Krull*, der in meiner Erinnerung mit dem Monopteros verbunden bleibt. Hier schrieb ich auch selbst Verse und Prosa, gelöster, als es am Arbeitstische möglich gewesen wäre.

Was ist Heimat? Ich glaube, nur ein ganz kleiner Ausschnitt aus Land und Stadt der Herkunft. Für den Reisenden, für den Fremden mag sich eine Stadt wie München als eine Einheit präsentieren. Die großen Sehenswürdigkeiten und die Kunstdenkmäler, die prächtigen Bauten und die imponierenden Straßenzüge fügen sich ihm zum unvergesslichen Bilde. Nicht so dem, der hier geboren wurde. Er sieht das Große im Kleinen – aus der Perspektive des Kindes, das an der Hand der Mutter geht, aus der Perspektive des jungen Mannes, der schüchtern den Arm um die Hüfte des Mädchens legt, wobei ihn die Berührung erzittern lässt.

Das alles wird auf ganz wenige Plätze und Gegenden einer großen Stadt reduziert. Weite Viertel der Großstadt blieben mir fremd, sodass es nach Jahrzehnten eigentlich nur ein Wiedersehen mit den vertrautesten Gegenden der Stadt gab. Zu ihnen gehörte der Englische Garten und sein Herzstück – der Monopteros.

Immer wieder leuchtete er mir im Traume als ein Tempel der Sehnsucht auf. Ich sah ihn wieder, war nicht enttäuscht, wenn ich auch nicht mehr finden konnte, was dort unsichtbar verblieben war: die eigene Jugend.

Ich habe nie zu den Narren gehört, die, wie es hier am Monopteros so viele taten, ihren Namen auf Gedenksäulen kritzeln, unsichtbar bleibt er aber doch hier eingetragen.

Heimlicher Musiktempel, von dem ich dem Glockenspiel der Türme lauschte. Auch die Türme ragten in meine Träume, wobei sie sich des Nachts auflösten und erst in der Morgenfrühe wieder zu erkennbarer Kontur zusammenrückten. Warum lösten sie sich in der Dunkelheit (kunstvolle Anstrahlungen waren noch unbekannt) in Nichts auf? Ich weiß es nicht, aber ich ahne es. Der kindliche Traum übersetzt in seiner Weise die philosophische Erkenntnis, dass unsere Realität nur das Schattenbild der Ideen darstellt.

Die Schatten schwinden, wenn die Sonne gesunken ist.

Ich bin überzeugt, dass in der Seele des Kindes archetypische Vorstellungen bis zur akustischen Realität verdichtet werden können. Mein eigener Sohn belehrte mich in dieser Hinsicht. Als kleines Kind behauptete er mit unumstößlicher Gewissheit, den Gesang der Sterne zu hören.

Niemand hatte ihm von der aristotelischen Musik der Sphären erzählt, der Prolog im Himmel aus dem *Faust:* »Die Sonne tönt, nach alter Weise, in Brudersphären Wettgesang« war dem Siebenjährigen bestimmt völlig unbekannt.

Unter den Bauten, die sich in der Nacht verflüchtigten, sind vor allem auch die mittelalterlichen Tore der Stadt zu nennen, das Isartor, das Sendlinger Tor, das Karlstor, und wie sie alle heißen mögen, auch die gewaltigen Kirchen – aber nie der Monopteros. Dieser besonders zarte Bau, wie mit Pastellfarben in die künstliche Landschaft hineingezeichnet, trotzte der Dunkelheit ... Stärke, Dauerkraft des Schwachen, Fragilen.

Wenn ich in diesen Seiten zurückblicke, so möchte ich den

Monopteros gleichsam zum Standquartier wählen und von ihm aus den Rückblick wagen, ihn zu meinem »Lug ins Land« machen.

Was ist es für ein Land, das der Blick vom Monopteros umfängt? Ein geliebtes und ein erlittenes Land, ein Land frageloser Vorgegebenheit, in welcher nicht nur die Kastanienbäume rauschten und die Pfingstrosen blühten, sondern auch (welch schreckliches Bild!) die Fragen wuchsen und wucherten, die die Fraglosigkeit wie mit Moos überzogen.

Das Glockenspiel, dem ich vom Monopteros lauschte, klingt mir weiter nach. Es war die Symphonie meiner Kindheit und Jugend. Der kalte Wind, der durchs Land blies, trieb mich an die ferne Küste meiner Urheimat, in der ganz andere Töne erklangen. In Jerusalem waren es nicht mehr so sehr die Glockentöne, auch wenn sie hier nicht völlig fehlen, denen sich das Ohr und die Seele erschlossen. Der lang hinhallende Ruf des Muezzin von den Minaretts und das weltalte Schmettern des Widderhorns an der Klagemauer bilden die Urtöne Jerusalems.

Aber das alles klingt zusammen in der Sinfonie meines Lebens, Sinfonie mit Glockentönen, vox humana und Hornpartien.

Warum die Weißwurscht ein Faschingsscherz ist

Klaus Reichhold

Passend zum Appetit der Einheimischen, der keine Kalorien scheut, heißt es, der »Weißwurschtäquator« sei jene Linie, die das echte Bayern vom übrigen Deutschland, somit auch von Franken und Schwaben, trenne – eine Art Kulturgrenze also, ähnlich dem imaginären »Röstigraben« in der Schweiz, der die frankophonen von den deutschsprachigen Regionen scheidet. An dieser These ist durchaus was dran. Denn tatsächlich spielt die Weißwurst, die in Bayern Weißwurscht genannt wird, eine nicht zu unterschätzende identitätsstiftende Rolle.

Dass es so weit kommen würde, konnte freilich niemand ahnen. Die Weißwurscht verdankt ihre Existenz nämlich einem dummen Zufall. Dem Wirt des Münchner Gasthauses »Zum ewigen Licht« sollen am Rosenmontag des Jahres 1857 die feinen Schafsdärme für die Bratwürste ausgegangen sein. Deswegen füllte er die vorbereitete Masse in zähe Schweinsdärme. Aus Sorge, sie könnten platzen, briet er selbige allerdings nicht. Stattdessen brühte er sie. Den Stammgästen mundete die neue Kreation vorzüglich – vor allem, nachdem der Moser Sepp, wie der experimentierfreudige Bierwirt hieß, seine Wurstschöpfung mit allerlei Grünzeug verfeinert hatte.

Die Weißwurscht ist also, nach allem, was man weiß,

ein kulinarischer Faschingsscherz, der schon aus zwei Gründen überhaupt nicht zum weiß-blauen Identifikationssymbol taugt: zum einen, weil das Vorbild, der im vierzehnten Jahrhundert erstmals erwähnte boudin blanc, aus dem fernen Frankreich stammt, zum anderen, weil in eine Weißwurscht nicht nur Kalbfleisch, Schweinespeck, Petersilie und gestoßenes Eis gehören, sondern auch so exotische Zutaten wie Zitronenschale, Macis und Ingwer, die man eher der asiatischen Küche, zumindest aber der Weihnachtsbäckerei zuordnen würde.

Dass sich die Weißwurscht in Bayern trotzdem größter Beliebtheit erfreut, gilt zu Recht als rätselhaft. Schließlich heißt es auch in weiß-blauen Landen: »Was der Bauer nicht kennt, frisst er nicht.« Und beim Städter wird es nicht anders sein. Insofern dürfte der Grund für die überraschende Akzeptanz der Weißwurscht darin liegen, dass man sie keinesfalls »nackert« verzehren darf. Man braucht mindestens einen süßen Senf dazu – und ein Weiß- oder Weizenbier. Erst in dieser äußerst schmackhaften Begleitung wird die Weißwurscht, deren Duft laut Franz Hugo Mösslang, dem einstigen Chefredakteur der Illustrierten *Quick*, an die verhaltene Herbheit des Schneeglöckchens erinnert, zu einer unwiderstehlichen Delikatesse.

Der zwingende Dreiklang aus Weißwurscht, süßem Senf und Weißbier, kurz Weißwurschtfrühstück genannt und üblicherweise zwischen elf Uhr vormittags und zwölf Uhr mittags serviert, erklärt auch, wieso das Verbreitungsgebiet der Weißwurscht mit dem echten Bayern identisch ist: Während die Weißwurscht selber in München, also in Oberbayern, das Licht der Welt erblickt hat, stammt das Rezept für den in weiß-blauen Landen beliebtesten süßen Senf von einer Metzgersgattin aus dem oberpfälzischen Regensburg. Und das Weißbier kommt ursprünglich aus Niederbayern: Aufgrund einer wirtschaftsgeschichtlich ziemlich einzigartigen Monopolstellung durfte die obergärige Spezialität jahrhundertelang nirgendwo sonst gebraut werden, weshalb die älteste Weißbierbrauerei Bayerns noch heute im niederbayerischen Kelheim steht.

Damit das Weißwurschtfrühstück überhaupt stattfinden kann, muss der Weißwurschtäquator neben Oberbayern also auch die Oberpfalz und Niederbayern miteinschließen. Denn er grenzt Bayern ja bekanntermaßen gegen jene unzivilisierten Weltgegenden ab, in denen das Weißwurschtfrühstück nicht zu den Selbstverständlichkeiten des Alltags zählt und wo aus diesem Grund auch nicht ständig darüber diskutiert wird, ob man die bleiche Delikatesse wirklich aus ihrer Pelle »zuzeln« muss oder zur Entfernung der Haut ein Messer benutzen darf.

Das heißt aber auch, dass der Weißwurschtäquator weder entlang des Mains noch entlang der Donau verläuft, wie gelegentlich vermutet wird, sondern eher in nord-südlicher Richtung – etwa von Waldsassen über Rennertshofen nach Oberammergau. Inwieweit vor diesem Hintergrund noch von einem Äquator die Rede sein kann oder der Begriff Längengrad passender wäre, müssen die Geographen beurteilen. Unbestritten jedoch bleibt, dass das echte Bayern aus Sicht der Einheimischen nur diesseits dieser Linie zu finden ist.

Ein Besuch auf dem Oktoberfest

Thomas Wolfe

München, Donnerstag,
4. Oktober 1928

Liebe Aline,

... heute habe ich zum ersten Mal seit Samstag meine Post abgeholt. Ich bin am Montag ins Krankenhaus gekommen und heute Nachmittag entlassen worden. Ich hatte eine leichte Gehirnerschütterung, vier Kopfwunden und eine gebrochene Nase. Mein Kopf ist prächtig verheilt, und meiner Nase geht es zusehends besser ... Ich bin kahlgeschoren wie ein Priester – in der Tat, mit meinem narbenübersäten Kopf und den schwarzen Haarstoppeln, die schon wieder zu sprießen begonnen haben, sehe ich wie ein verkommener Priester aus.

Mir ist zu schwindlig, als dass ich dir heute Abend noch berichten könnte, was alles passiert ist. Ich will mit der Geschichte einfach mal beginnen und versuchen, morgen damit zu Ende zu kommen. Ich war bereits drei Wochen in München – während dieser Zeit hatte ich ein untadeliges, arbeitsames Leben geführt – wie überhaupt seit meiner Abreise. Es ist hier gerade Oktoberfest-Zeit. Was das Oktoberfest ist, davon hatte ich keine Ahnung gehabt, bis es vor ein oder zwei Wochen begann. Ich hatte bloß jedermann davon reden hören. Ich stellte es mir als einen Ort vor, zu dem das ganze bayerische Landvolk hinströmt, seine altehrwürdigen Tänze aufführt, seine Waren verkauft und so was in der Art.

Aber als ich zum ersten Mal hinging, stieß ich zu meiner Enttäuschung nur auf eine Art Coney Island – Karusselle, allerlei Flitterkram, unzählige Würstchenbuden, Orte, an denen ganze Ochsen am Spieß schmorten, und gewaltige Bierhallen. Doch was soll München – wo es Tausende von Bierlokalen gibt – mit einem extra Bierfest? Ich fand es bald heraus. Das Oktoberfestbier ist doppelt so stark wie das normale Bier – es hat dreizehn Prozent –, und zwei Wochen lang kommen Leute vom Land und lassen es sich schmecken.

Der Festplatz befindet sich auf der Theresienwiese, die am Rande der Stadt liegt, unmittelbar vor dem Ausstellungs-Park … Ich sah mir das Schauspiel zwei-, dreimal an – diese Bierhallen sind riesengroß und scheußlich – vier- bis fünftausend Leute finden darin gleichzeitig Platz – man bekommt fast keine Luft, kann sich kaum rühren. Eine vierzig Mann starke bayerische Blaskapelle schmettert mit grauenvollem Getöse drauflos, und unentwegt schieben sich Hunderte von Leuten, die keinen Platz finden, auf und ab und im Kreis herum. Der Lärm ist ohrenbetäubend, man kann die Luft mit dem Messer schneiden – und an diesen Orten dringt man zum Herzen Deutschlands vor, nicht zum Herzen seiner Dichter und Denker, sondern zu seinem wahren Herzen. Es ist ein einziger gewaltiger Schlund. Sie essen und trinken und schnauben sich in einen Zustand tierischer Betäubung hinein – die Stätte verwandelt sich in ein einziges heulendes, brüllendes Tier, und wenn die Kapelle eines ihrer Trinklieder spielt, erhebt man sich überall von den Tischen, stellt sich auf die Stühle und schunkelt mit untergehakten Armen hin und her, in pulsierenden Ringen. Von diesen schwerfällig hin und her wogenden Reihen in der riesigen, rauchigen Bierhölle geht etwas Unheimliches – etwas Übernatürliches aus. Man meint in diesen Reihen die Magie, die Essenz des Volkes zu spüren – das Wesen dieses Tiers, das es so grundlegend von den anderen Tieren ein paar Meilen jenseits der Grenzen unterscheidet …

Was dann geschah, war dies … Es gibt eine amerikanische Kirche in München. Eine Kirche ist es eigentlich gar nicht – es sind bloß zwei, drei große Räume, die man in einem großen Gebäude am Salvatorplatz angemietet hat – ein Ort, der schwer zu finden ist, obwohl unweit vom Promenadeplatz gelegen. Sie haben sechs- bis achttausend Bücher dort – das meiste davon Schund, von Touristen beigesteuert. Aber man kann zum Nachmittagstee dorthin gehen – wenn man einsam ist, kann man andere Amerikaner treffen … Es gab da einen jungen Amerikaner, mit seiner Gattin und einer weiteren Frau, der Freundin seiner Gattin … Es gefiel mir, mich mit diesen Leuten zu unterhalten, sie erkundigten sich nach Hotelzimmern, dem Leben in München, Ausstellungen und anderem mehr … Ich erzählte ihnen vom Oktoberfest und schlug vor, sie könnten am Nachmittag mit mir zusammen dorthin gehen, weil da die guten Museen schon geschlossen seien. Also zogen wir los; das Wetter war schlecht: Es begann zu regnen. Es waren massenhaft Leute auf dem Festgelände – Landvolk in prächtigen Trachten, das die Fahrgeschäfte und den ganzen Firlefanz bestaunte. Ich führte meine Gesellschaft durch mehrere Bierhallen, wir konnten aber keine Sitzplätze finden. Schließlich, als der Regen aufgehört hatte, schafften wir es, uns an einem Tisch niederzulassen, an dem sich eben ein paar Leute ans Gehen machten. Wir bestellten Bier und Schweinswurst … und bald hatte ich nur noch den einen Wunsch, diese Leute, die bloß Angelesenes aus dem *American Mercury* von sich gaben, wieder loszuwerden … Sie widerten mich an, ich wollte allein sein. Ich denke, sie haben es bemerkt; sie schlugen vor, wir sollten alle nach Hause gehen und miteinander essen; ich lehnte ab und sagte, ich wolle auf dem Fest bleiben. So bezahlten sie ihren

Anteil und verließen das ganze Getöse und Gegröle dieser Örtlichkeit.

Als sie gegangen waren, trank ich noch zwei Liter des dunklen Oktoberfestbiers, sang und schunkelte mit den Leuten am Tisch. Dann stand ich auf und wechselte in eine andere Halle, wo ich noch einen Liter trank, und kurz vor der Sperrstunde – sie machen dort auf dem Fest um halb elf zu, weil das Bier zu stark ist und weil die Leute vom Land immer betrunkener werden und dann gleich dableiben würden – kurz vor der Sperrstunde ging ich noch einmal in eine andere große Halle auf ein letztes Bier. Dort war man dabei, über Nacht zuzumachen – rundum brachen die Scharen auf – einige Tische waren schon leer, und die bayerische Blaskapelle packte ihre Instrumente ein und wollte gehen. Ich unterhielt mich mit den Leuten an meinem Tisch, trank mein Bier aus und machte mich auf den Weg. Ich hatte sieben bis acht Maß intus – das entspricht einem guten Liter reinen Alkohols. Ich war sturzbetrunken vom Bier. Ich torkelte einen Gang hinunter, auf einen Seitenausgang zu. Dort traf ich auf mehrere Männer – und vielleicht auch eine Frau, aber die bemerkte ich erst später. Sie standen neben ihrem Tisch im Gang und sangen wohl noch ein allerletztes Trinklied, ehe sie aufbrachen. Sie sprachen mich an – ich war zu betrunken, um zu verstehen, was sie sagten, aber ich bin mir sicher, es war durchaus freundlich gemeint. Was von da an geschah, will ich schildern, so gut ich mich dessen entsinne, auch wenn meine Erinnerung Lücken und Aussetzer hat. Einer von ihnen, so will mir scheinen, packte mich am Arm – ich wich zurück, er ließ nicht los, und ich, obwohl ich nicht wütend war, vielmehr in einem Anfall von Übermut, hieb ihn mit einem Schlag quer über den Tisch. Dann stürmte ich triumphierend ins Freie und fühlte mich dabei wie ein Kind, das einen Stein in eine Fensterscheibe geworfen hat.

Leider konnte ich nicht schnell laufen – ich hatte zu viel getrunken und einen Mantel an. Draußen regnete es in Strömen, und ich fand mich auf eingezäuntem Gelände hinter einigen Festgebäuden wieder – ich hatte ja einen Seitenausgang genommen. Ich hörte Geschrei und Gezeter hinter mir, und als ich mich umdrehte, sah ich, wie mehrere Männer auf mich zurannten. Einer von ihnen hatte einen dieser Klappstühle aus der Bierhalle dabei – die sind aus Eisen und Holz. Ich sah, dass er mir damit eins überziehen wollte und weiß noch, dass mich das wütend machte. Ich blieb stehen, drehte mich um und lieferte mir in dem grauenhaft glitschigen Schlammloch eine blutige Rauferei mit diesen Leuten. Grauen überkommt mich in der Erinnerung an diese Hölle aus glitschigem Schlamm und Blut und Finsternis, in der der Regen auf uns Irre, die wir bereit waren zu töten, herabströmte. In diesem Augenblick war ich viel zu sehr in Rage, viel zu wahnsinnig, um Angst zu haben, aber es kam mir vor, als würde ich im Schlamm ertrinken – dabei war es das Blut, das mir über den Kopf in die Augen rann … Ich ertrank in einem Meer aus Schlamm, keuchend, erstickend. Ich spürte die schweren Leiber auf mir, schnaubend, grunzend, auf mein Gesicht und meinen Rücken einprügelnd. Ich kämpfte mich unter ihnen empor, als käme ich aus dem Grauen des Treibsands – rutschte dann erneut im Schlamm aus und versank abermals im bodenlosen Schlamm. Ich fühlte den Schlamm unter mir, aber was mich eigentlich erblinden und ersticken ließ, war der Blutschwall, der aus den Platzwunden auf meinem Kopf strömte. Ich hatte keine Ahnung, dass ich blutete.

Irgendwie – ich weiß nicht, wie es dazu kam – war ich mit einem Mal wieder auf den Beinen und bewegte mich auf die dunklen Gestalten zu, die gegen mich anstürmten. Als ich unter ihnen im Schlamm lag, war mir, als hätte sich die ganze brüllende Meute aus der Halle auf mich gestürzt, aber vermutlich waren es nicht mehr als drei. Von da an kann ich mich nur noch an einen Kampf mit zwei Männern erinnern, und später kam eine Frau hinzu, die mir das Gesicht zerkratzte. Die kleinere Gestalt – der kleinere der beiden Männer – sprang mich an, und ich schlug sie mit der Faust zu Boden. Sie versank im Morast. Ich erstickte schier im Blut und trachtete nach nichts sonst, als es zu einem gründlichen Ende zu bringen – also dieses Ding da entweder umzubringen oder aber selbst umgebracht zu werden. Also warf ich es mit all meiner Kraft zu Boden: Ich sah nichts mehr, aber ich presste ihm Finger und Hand ins Gesicht und in seine Augen – es würgte mich, aber plötzlich hörte es damit auf. Ich würde weitermachen, bis ich dort im Schlamm unter mir kein Leben mehr spürte. Die Frau hing mir inzwischen am Rücken, schrie, schlug mich auf den Kopf, hatte es jedoch auf Gesicht und Augen abgesehen. Sie schrie: »Lass meinen Mann in Ruhe!« Ein paar Leute kamen und zerrten mich von ihm weg – der Mann und die Frau schrien mich an und schimpften, aber ich verstand nichts von dem, was sie sagten, bis auf ihr flehentliches »Lass meinen Mann in Ruhe«, das mich sehr berührte, so weit ich mich erinnere … Die Leute zogen ab – wohin und wie, weiß ich nicht mehr –, aber ich sah sie später auf der Polizeiwache wieder, also müssen sie wohl dorthin gegangen sein.

Der Zoigl – Bierkult aus der Oberpfalz

Wolfgang Benkhardt

Der klassische Zoigl ist ein naturtrübes, untergäriges und unfiltriertes Bier, das nach alten Braumethoden hergestellt wird. Zu Hause ist er in der Oberpfalz. Die Bräuhäuser, in denen die Würze für den Gerstensaft gekocht und gehopft wird, ähneln mehr Biermuseen denn modernen Wirtschaftsbetrieben. Die Arbeitsabläufe sind noch so wie vor hundert Jahren. Uralt ist auch die Tradition, dass der Sud schon nach einem Tag die gemeinschaftliche Brauerei verlässt. Um die Gärung und Reife kümmern sich die Bierrechtler in den eigenen Kellern selbst.

Das führt dazu, dass jeder Zoigl ein bisschen anders schmeckt. Wenn das Bier reif ist, hängen die brauberechtigten Bürger einen Stern, einen Buschen oder ein anderes Schankzeichen vor die Tür. Sie zeigen damit an, dass sie frisches Bier zapfen. Von diesem »Zeigel« leitet sich auch der Name der nach dem Bayerischen Reinheitsgebot gebrauten regionalen Spezialität ab.

Diese Abstammung ist ein wichtiger Hinweis darauf, was den neu entfachten Oberpfälzer Kult wirklich ausmacht. Zoigl lässt sich nicht auf Bier reduzieren. Daran ändert auch nichts, dass viele Brauereien mittlerweile unfiltriertes helles, bernsteinfarbenes oder dunkles Bier als Zoigl in Flaschen und

Fässer abfüllen und damit in Wirtshäusern und Getränkemärkten gute Geschäfte machen. Sicher, der Gerstensaft ist das Wichtigste, ohne die deftigen Hausmacherbrotzeiten, die urigen Stuben, die Originale an den Tresen und Tischen, die Geselligkeit sowie das einzigartige Preis-Leistungs-Verhältnis wäre Zoigl jedoch ein durchaus hochwertiges, aber doch ganz normales Keller- oder Zwickelbier.

Erst das Drumherum macht das Getränk aus Wasser, Malz, Hopfen und Hefe zum Kult. So wie die Südtiroler im Herbst zum Törggelen und die Österreicher zum Heurigen gehen, um jungen Wein zu verkosten, so gehen die Oberpfälzer zum Zoigl, um das frische Bier zu probieren.

Naja, probieren ist eigentlich nicht ganz richtig. Der Bayer an sich und der Oberpfälzer im Besonderen sind sehr hartnäckig, standfest und haben Sitzfleisch. Manch einer ist so schnell nicht wieder zum Gehen zu bewegen, wenn er erst einmal hockt. So endete der Zoigl in einem Haus erst, wenn das letzte Fass leer war. Anschließend ging es oft gleich beim Nachbarn weiter.

Auch heute noch wechseln sich die Wirte ab. Allerdings schenkt ein Brauer meist nicht mehr wie früher drei, vier Wochen lang Bier aus, sondern nur mehr drei, vier Tage. Dafür kommt das Bierkarussell nicht mehr zur Ruhe. Es gibt den Hopfentrunk dank moderner Kühltechnik und Lagerhaltung das ganze Jahr, was die Herzen vieler Bierliebhaber höherschlagen lässt.

Typisch für den Zoigl sind auch die deftigen Hausmacherbrotzeiten, die auf eigene Schlachtungen zurückgehen. Während die Kommunbrauer ihr Bier wirklich noch selbst herstellen, hat die moderne EU-Gesetzgebung die Schlachtungen stark eingeschränkt. Nur noch wenige Wirte haben die Möglichkeit dazu. Eine eigene Kuchl zum Verwursten der Zutaten trifft man noch öfter an.

Typische Zoiglstuben befinden sich meist in alten Häusern am oder in unmittelbarer Nähe des Stadt- oder Marktplatzes. Dies hat einen einfachen Grund: Das Königreich Bayern verfügte Anfang des 19. Jahrhunderts, dass das Braurecht nicht neu verliehen werden dürfe. Von da an konnten nur mehr die Bewohner der alten Anwesen Zoigl herstellen. Neu gebaute Häuser in den Siedlungen bekamen kein Bierrecht. Ein weiteres typisches Kennzeichen sind die günstigen Preise für Bier und Brotzeit.

Es ist durchaus möglich, mit fünf, sechs Euro satt den Heimweg anzutreten. Mindestens genauso wichtig wie der Verdienst ist einem richtigen Zoiglwirt, dass es den Gästen schmeckt und sie rundum zufrieden und glücklich das Haus verlassen. Dazu kommen besondere Schmankerln auf den Tisch. Diese erinnern daran, dass früher fast nur gute Freunde, Verwandte und Geschäftspartner kamen, um das Hausbier zu kosten. Dies erklärt auch das Du in den Schankstuben sowie die Sing- und Musizierfreudigkeit der Gäste. Beim Zoigl ist man zu Gast bei Freunden. ZOIGL könnte also auch als Abkürzung für Zünftige Oberpfälzer Idealismusgeprägte Gastlichkeit und Lebensart stehen. Und die erlebt man mit Sicherheit nicht in einer Schankstube, die ständig geöffnet ist, in der Zoigl genauso viel wie das Bier im Gasthof um die Ecke kostet und Schnitzel mit Pommes auf der Speisenkarte stehen.

Die zunehmende Begeisterung für den Oberpfälzer Haustrunk bringt es mit sich, dass das Original immer mehr verfälscht wird. Doch da Zoigl (bislang) weder als Biermarke noch als Tradition geschützt wurde, ist erlaubt, was gefällt. Jeder muss also selbst entscheiden, wie viel Zoigl er wirklich erleben will.

Die Zoigl- und Kommunbrautradition in der Oberpfalz ist viel älter als das Bayerische Reinheitsgebot, und das will was heißen.

Die Vorschriften von Herzog Wilhelm IV. vom 23. April 1515 gelten immerhin als das älteste Lebensmittelgesetz der Welt. Der Herzog verfügte damals, »wie das Bier Sommer wie Winter auf dem Land soll ausgeschenkt und gebraut werden«. Im Gebot ist weiter nachzulesen: »Ganz besonders wollen wir, dass forthin allenthalben in unseren Städten und Märkten und auf dem Lande zu keinem Bier mehr Stücke als allein Gersten, Hopfen und Wasser verwendet und gebraucht werden sollen.« Das Reinheitsgebot war keine Erfindung des Herzogs. Schon vorher gab es ähnliche Verordnungen auf örtlicher Ebene. In München hatten die Stadträte bereits 1447 von den Brauern verlangt: »Item sie sullen auch pir sieden und prewen nur allen von gersten, hopfen und wasser und sonst nichts darein oder darunter tun oder man straffe es fuer valsch.« Auch aus der Oberpfalz ist aus dieser Zeit eine Brauordnung überliefert. Da der in Regensburg als Bierkontrolleur eingesetzte Stadtmedikus Konrad Megenwart immer wieder über die schlechte Qualität des Gebräus klagte, mussten die Brauer ab 1453 schwören, dass sie für ihr Bier »weder Samen noch Gewürz oder Gestrüpp« und dergleichen verwenden. Auch »Glattwasser« war von da an verboten. Dabei handelte es sich um einen kaum genießbaren Abguss von den letzten Resten der Maische.

Die Hefe fehlt in all diesen Urkunden. Sie war damals noch unbekannt. Es war dem Zufall überlassen, ob Hefe in den Sud gelangte und das Bier zum Gären brachte.

Einige Zoiglwirte sind der festen Überzeugung, dass diese »wilde Hefe« der eigentliche Namensgeber für ihr Kommunbier ist. Die weißbeige Masse habe keinen Namen gehabt und sei deshalb als »dös Zeich« tituliert worden. Daraus habe sich dann »der Zoigl« entwickelt, so glauben sie. Diese Theorie widerlegt jedoch die Tatsache, dass der »Zeiger« – ein Stern, ein Buschen, ein Besen oder ein Blechkranz – als Schankzeichen schon um 1500 in einer Urkunde, die im Neustädter Stadtarchiv aufbewahrt wird, genannt ist.

Viele Bierpanscher und -verhunzer waren der Grund dafür, im Reinheitsgebot die Zutaten für den Gerstensaft vorzuschreiben. Glaubt man alten Grabsprüchen, so hat manch einer die schlechte Qualität des Biers gar mit dem Tode bezahlt. So steht zum Beispiel auf einem Gedenkstein in Oberbayern zu lesen: *»Hier ruht der Brauer Sepp, Gott Gnad für Recht ihm geb. Denn viele hat, was er gemacht, frühzeitig in das Grab gebracht. Da liegt er nun der Bierverhunzer, bet, o Christ, fünf Vaterunser.«*

Nach einer Sage erleiden die Oberpfälzer Bierverhunzer gemeinsam auf der Burgruine Stockenfels im Landkreis Schwandorf hoch über dem Regen furchtbare Qualen für ihr Tun. Bis zum Jüngsten Gericht müssen Brauer, die schlechtes Bier gemacht haben, sowie Wirte und Kellnerinnen, die Bier verwässert oder schlecht eingeschenkt haben, in der Nähe von Fischbach umgehen.

Es gab viele Möglichkeiten, zum Biergespenst zu werden. Im Betrugslexikon des Coburger Juristen, Polizeirats und Obervormundschaftsrats Georg Paul Hönn (1662 bis 1747) ist nachzulesen, dass Wirte nicht nur Bier verwässert, sondern den Gärprozess auch mit Salz und Buchenasche beeinflusst haben.

Sie haben verdorbenes Bier mit Asche, Schafdärmen und Kreide wieder aufgepäppelt und abgestandenes Bier unter das frische gemischt. Er prangert auch an, dass weit nach Mitternacht, an Bußtagen und unter Gottesdiensten Bier ausgeschenkt werde. Findige Wirte sollen zu fortgeschrittener Stunde sogar die Kreide so präpariert haben, dass sie beim Anstreichen auf der Tafel immer zwei statt einen Strich machte. Sie alle müssen auf der Ruine Stockenfels büßen. Die einen müssen das eigene Gebräu vernichten, andere aus dem Burgbrunnen Wasser schöpfen, eine Geisterkette bilden und die Eimer auf einer Leiter weit hinauf in den Nachthimmel reichen. Von dort fließt es sofort wieder in den Brunnen zurück. Jedes Seidel miserables Bier wird gnadenlos abgerechnet: Tantalusqualen und Sisyphusarbeit nach Oberpfälzer Lebensart sozusagen.

Das Bier, das vor fünfhundert Jahren gebraut wurde, hatte mit dem heutigen Zoigl wenig gemein. Nicht nur Hirse, Bohnen und Erbsen, sondern auch Pech, Asche, Krautsamen, Muskatnüsse, Salz, Kümmel, Fichtennadeln und anderes Zeug landeten im Sudkessel. Ja sogar vor Ochsengalle, Froschschenkeln und Fischblasen schreckten die Brauer nicht zurück. In den Sudhäusern ging es manchmal zu wie in einer Hexenküche. Da ist es wohl kein Zufall, dass der sechszackige Stern der Bierbrauer und -schenker gleichzeitig das Zeichen der Alchimisten war. Gutes Bier war Glückssache, da die Brauer nach dem Prinzip »Versuch und Irrtum« vorgingen.

Lange nicht erklären konnte man sich, warum Bäckern fast jeder Sud gelang, während andere Handwerker regelmäßig den Zoigl wegschütten mussten. Grund dafür war die Hefe, die erst im 17. Jahrhundert entdeckt und als entscheidender Faktor des Brauwesens erkannt wurde. In den Bäckerhäusern waren auch vorher immer genug Hefepartikel durch die Luft geschwirrt, die das Bier zum Gären brachten.

Der Zoiglstern ist keine Oberpfälzer Erfindung, sondern hat sich aus einem weit verbreiteten Zunftzeichen entwickelt. Der Bierstern wird nach dem griechischen Wort für Sechseck auch als Hexagramm bezeichnet. Das aufrecht stehende Dreieck symbolisierte ursprünglich das Feuer, das andere stand für das Wasser, was zusammen gelesen also »Feuerwasser« ergibt. Die Brauer und Mälzer deuteten bald jeden Zacken als eigenes Symbol. Zu den genannten Elementen kamen die

Luft, welche die noch unbekannte Hefe herantrug, und die Erde, auf der das Getreide für das Malz und der Hopfen heranwachsen.

Die Menschen im Mittelalter glaubten auch, dass das Hexagramm vor Feuer und Dämonen schütze. Angesichts der vielen Brände, die in Brau- und Malzhäusern ausgebrochen sind, ist dies ein weiterer möglicher Ansatzpunkt für die Verwendung als Braustern. Mit dem jüdischen Davidstern hat das Zoiglzeichen sicher nichts zu tun. Trotzdem sei der Vollständigkeit halber darauf hingewiesen, dass nach der Legende David beim Kampf gegen Goliath einen sternförmigen Schild getragen haben soll. Eine weitere Quelle für das Hexagramm in der israelischen Flagge ist die Erzählung, nach der König Salomon einen Ring mit Stern besessen hatte, mit dem er Dämonen und Geister bezwingen konnte. Das älteste bekannte Bild des Hexagramms als Bierstern stammt aus der Zeit um 1430.

Das Wirtshaus im Spessart

Kurt Tucholsky

Würzburg; Sonnabend. Die beiden Halbirren brechen frühmorgens in meine Appartements im »Weißen Lamm«. »Aufstehen! Polizei!« und »In dieser Luft kannst du schlafen?« Jakopp in einem neuen Anzug, gräulich anzusehen, Karlchen, die Zähne fletschend und grinsend in einem Gemisch von falschem Hohn und Schadenfreude. Die seit einem Jahr angesagte, organisierte, verabredete, immer wieder aufgeschobene und endlich zustande gekommene Fußtour beginnt. Du großer Gott –

Abends. Wir hätten sollen nicht so viel Steinwein trinken. Aber das ist schwer: So etwas von Reinheit, von klarer Kraft, von aufgesammelter Sonne und sonnengetränkter Erde war noch nicht da. Und das war nur der offene, in Gläsern – wie wird das erst, wenn die gedrückten Flaschen des Bocksbeutels auf den Tisch gestellt werden …! Oben auf der Festung ist ein Führer, der »erklärt« die alte Bastei und macht sich niedlich, wie jener berühmte Mann auf der Papstburg in Avignon. Aber hier dieser feldwebelbemützte Troubadour singt denn doch ein anderes Lied: Er sieht Friderikusn in jedem Baumhöcker, beschimpft die aufrührerischen Bauern wie weiland Luther und überhäuft einen Mann namens Florian Geyer mit Vorwürfen: Der habe unten in der Ratsstube gesoffen, während die Bauern hier oben stürmen mussten. Das muss ich in den letzten Jahren schon einmal gehört haben. Der Brunnen ist so tief, dass ein angezündeter Fidibus … wie gehabt. In der Burg liegt Landespolizei und kann auf das weite gewellte Land heruntersehen. Wir hätten sollen in der Gartenwirtschaft Steinwein trinken.

Ochsenfurt; Sonntag. Als die Uhr auf dem Rathaus sechs schlug, ließen wir die Würfel liegen und stürmten hinaus, um uns anzusehen, wie die Apostel ihre Köpfe herausstreckten, die Bullen gegeneinander anliefen und der Tod mit der Hippe nickte. Dann liefen wir aber sehr eilig wieder in die Wirtsstube, wo die Würfel auf dem Tisch plärrten, weil man sie allein gelassen hatte. Wenn wir nicht das Barock des Landes würdigen und, den geschichtlichen Spuren der großen historischen Ereignisse folgend, dieselben auf uns wirken lassen, dann würfeln wir. Wir spielen »Lottchen guckt vom Turm«, »Hohe Hausnummer rasend« und »Kastrierter Waldaffe« sowie die von mir erfundenen, schwereren Dessins: »Nonnenkräpfchen«, »Gretchen bleibt der Kegel weg« und »Das Echo im Schwarzwald«. Wir müssen furchtbar aufpassen, weil mindestens immer einer mogelt. Ich würde nie mogeln, wenn es jemand merkt. Auch muss alles aufgeschrieben werden, damit nachher entschieden werden kann, wer den Wein bezahlt. Ich habe schon vier Mal bezahlt. Es ist eine teure Freundschaft.

Iphofen; Montag. Ich werde mich hüten, aufzuschreiben, wo wir gewesen sind. Als wir das erste Glas getrunken hatten, wurden wir ganz still. Karlchen hat eine »Edelbeeren-Trocken-Spät-Auslese« erfunden, von der er behauptet, sie sei so teuer, dass nur noch Spinnweben in der Flasche … aber dieser war viel schöner. Ein 21er, tief wie ein Glockenton, das ganz große Glück. (Säuferpoesie, Säuferleber, die Enthaltsamkeitsbewegung – Sie sollten, junger Freund …) Das ganz große Glück. Das Glück wurde noch durch ein Glanzlicht überhöht:

Der Wirt hatte einen 17er auf dem Fass, der war hell und zart wie Frühsommer. Man wurde ganz gerührt; schade, dass man einen Wein nicht streicheln kann.

Iphofen ist ein ganz verschlafenes Nest, mit sehr aufgeregten Gänsen auf den Straßen, alten Häusern, einer begrasten Stadtmauer und einem »Geologen und Magnetopathen«. Habe Karlchen geraten, sich seine erdigen Fingernägel untersuchen zu lassen. Will aber nicht.

In *Ochsenfurt,* auf dem Wege hierher, haben wir am äußersten Stadttor einen Ratsdiener gesehen, der stand da und regelte den Verkehr. Die Ochsenkutscher, die Mist karrten, streckten den linken Arm heraus, wenn sie ans Tor kamen – hier muss eine schwere Seuche ausgebrochen sein, die sich besonders an Straßenecken bemerkbar macht. Schrecklich, die armen Leute! Das kommt davon, wenn sie auf dem Broadway den Verkehr regeln. Wir nehmen uns jeder zwei Flaschen von dem ganz großen Glück mit, um es unseren Lieben in der Heimat mitzubringen. Jeder hat noch eine Flasche.

Kloster Bronnbach; Mittwoch. Der Herbst tönt, und die Wälder brennen. Wir sind in Wertheim gewesen, wo der Main als ein Bilderbuchfluss dahinströmt, und wo die Leute mit einer Fähre übersetzen wie in einer Hebelschen Erzählung. Drüben, in Kreuzwertheim, war Gala-Pracht-Eröffnungs-Vorstellung des Welt-Zirkus. Vormittags durfte man die wilden Tiere ansehen: einen maßlos melancholischen Eisbären, der in einer vergitterten Schublade vor sich hinroch und schwitzte; etwas Leopard, und einen kleinen Panther, den die Zirkusjungfrau auf den Arm nahm, das Stück Wildnis. Da kratzte er. Und die Jungfrau sagte zur Wildnis: »Du falscher Fuffziga!« Das konnten wir nicht mitansehen, und da gingen wir fort.

Hier in Bronnbach steht eine schöne Kirche; darin knallt das Gold des alten Barock auf weiß getünchten Mauern. Ein alter Klosterhof ist da. Mönche und die bunte Stille des Herbstes. Wie schön müsste diese Reise erst sein, wenn wir drei nicht da wären!

Hier und da; Donnerstag. Große Diskussion, ob man eine Winzerin winzen kann. Miltenberg, Mespelbrunn und Heiligenbrücken: vergessen. In Wertheim aber stand an einem Haus ein Wahrspruch, den habe ich mir aufgeschrieben. Und wenn ich einst für meine Verdienste um die deutsche Wehrmacht geadelt werde, dann setze ich ihn mir ins Wappen. Er hieß: »Jeder hat ja so recht!«

Lichtenau; Sonnabend. Die Perle des Spessarts. Dies ist nicht das Wirtshaus im Spessart, das liegt in Rohrbrunn – aber wir benennen das um. Hier ist es richtig.

Unterwegs wurde Jakopp fußkrank; er taumelte beträchtlich, ächzte und betete zu merkwürdigen Gottheiten, auch sagte er unanständige Stammbuchverse auf, dass uns ganz angst wurde, denn wir haben eine gute Erziehung genossen. Wir waren froh, als wir ihn gesund nach Lichtenau gebracht hatten, den alten siechen Mitveteranen. Und als wir ins Gasthaus traten, siehe, da fiel unser Auge auf ein Schild:

»Autoverkehr! Automobil-Leichenwagen nach allen Richtungen«

Des freute sich unser Herz, und froh setzten wir uns zum Mahle. Der Wirt war streng, aber gerecht, nein, doch nicht ganz gerecht, wie sich gleich zeigen wird. Wir gingen ums Haus.

Dies ist eine alte Landschaft. Die gibt es gar nicht mehr; hier ist die Zeit stehen geblieben. Wenn Landschaft Musik macht: Dies ist ein deutsches Streichquartett. Wie die hohen Bäume rauschen, ein tiefer Klang, so erst sehen die Wege aus … Die Steindachlinie des alten Hauses ist so streng – hier müssten altpreußische Reiter einreiten, etwa aus der Zeit Louis Ferdinands. Die Fenster sind achtgeteilt; um uns herum rauscht der abendliche Parkwald. Wir sitzen zu dritt auf einer Stange und bereden ernste Sachen. Dann gehen wir hinein.

… Wir schmecken einmal, zweimal, dreimal. »Dieser Wein«, sage ich alter Kenner, »schmeckt nach Sonne.« – »Und nach dem Korken!«, sagen die beiden andern gleichzeitig. Herr Wirt! Drohend naht er sich. Nun heißts Mut gezeigt! Auf und drauf!

»Herr Wirt … es ist nämlich … also: Probieren Sie mal den Wein!« – Er weiß schon, was ihm blüht. Und redet in Zungen, ganz schnell. »Wo ist der Korks? Erst muss ich den Korks haben! Also zuerst den Korks!« Der »Korks« wird ihm gereicht – er beriecht ihn, er schnuffelt an der Flasche, er trinkt den Wein und schmeckt ab; man kann es an seinen Augen sehen, in denen seltsame Dinge vorgehen. Urteil: »Ich hab gleich gesehen, dass die Herren keine Bocksbeuteltrinker sind! Der Wein ist gut.« Berufung … »Der Wein ist gut!« – Revision … »… ist gut!« Raus.

Da sitzen wir nun. Ein mitleidiger Gast, der bei dem Wirte wundermild zur Kur weilt, sieht herüber. »Darf ich einmal versuchen–?« Er versucht. Und geduckten Rückens sagt dieser Feigling: »Meine Herren, der Wein schmeckt nicht nach dem Korken! Wenn er nach dem Korken schmeckt, *dann möpselt es nach* –!« Natürlich möpselt es. Wir hatten keine Ahnung, was das Wort bedeutete – aber es ging sofort in unsern Sprachschatz über. Jeder Weinkenner muss wissen, was »möpseln« ist. Aus Rache, und um den Wirt zu strafen, trinken wir noch viele, viele Flaschen Steinwein, von allen Sorten, und alle, alle schmecken sie nach Sonne.

Lichtenau; Sonntag. Bei uns dreien möpselt es heute heftig nach.

In einem Weindorf; Montag. Auf der Post liegt ein Brief der schwarzen Prinzessin, den haben sie mir nachgeschickt. Sie sei zufällig in Franken; sie habe gehört, dass ich … und ob ich nicht vielleicht … und ob sie nicht vielleicht … Hm. Sie liebt, neben manchem andern, inständig ihr Grammofon, das ihr irgendein Dummer geschenkt hat. Einmal spielte das Ding – mit der allerleisesten Nadel – die ganze Nacht. Sie hat da so herrliche amerikanische Platten, auf denen die Neger singen. Eine, das weiß ich noch, hört damit auf, dass nach einem infernalischen Getobe von Gegenrhythmen der Bariton eine kleine Glocke läutet, die Musik verstummt, er läutet noch einmal und sagt: »No more!« Ich telegrafiere ihr.

Abends ist Festessen. Wir haben uns eine Gans bestellt, die aber ohne inwendige Äpfel erscheint. Eine Gans für drei Mann ist nicht viel – besonders wenn einer so viel isst wie Jakopp, so schnell wie Karlchen, so unappetitlich wie ich. Wir nehmen uns gegenseitig alles weg; den Wirt grausts. Jakopp hat die s-Krankheit. Er sagt »Ratshaus« und »Nachtstopf« und »Bratskartoffeln«. – »Das sind Bratskartoffeln, wie sie der Geheimrat Brats aus Berlin selbst erfunden hat.« Beim Würfeln gewinne ich furchtbar, und die beiden wollen nicht mehr mit mir spielen. They are bad losers.

Heimbuchenthal; Dienstag. Wie arm hier die Menschen sind! Alle Kinder sehen aus wie alte Leute: blass, gelb, mit trüben Augen.

Zu Fuß gehen ist recht schön. Manchmal sagen wir gar nichts – wir haben uns ja auch alles gesagt. Wir freuen uns nur, dass wir beisammen sind. Stellenweise hält einer ein Kolleg, keiner hört zu. Manchmal … wenn Männer untereinander und allein sind, kommt es vor, dass hie und da einer aufstößt. Es ist sehr befreiend. Bei einer Freundschaft zu dritt verbünden sich meist zwei gegen den Dritten und fallen über ihn her. Das wechselt, die Fäden laufen auf und ab, teilen sich und vereinigen sich; die Dreizahl ist eine sehr merkwürdige Sache. Eine Vierzahl gibts nicht. Vier sind zwei oder viele.

Würzburg; Mittwoch. Abschiedsbesuch in der Residenz;

das grüne Spielzimmer mit den silbernen Wänden, unter dem Grün glänzt das kalte Silber in metallischem Schein. Hier hat Napoleon geschlafen ... schon gut. Das Gehen fällt uns nicht leicht – der Steinwein fällt uns recht schwer. Die älteren Jahrgänge vom Bürgerspital wollen getrunken sein. Wir trinken sie.

Würzburg; Freitag. Ich habe die beiden auf die Bahn gebracht, mit dem festen Vorsatz, sie nie wiederzusehen. Welche Säufer! Jetzt rollen sie dahin: der eine in sein Hamburger Wasserwerk, der andere in sein Polizeipräsidium. Der gibt sich als ein hohes Tier aus, ist wahrscheinlich Hilfsschutzmann. Und mit so etwas muss man nun umgehen! Um Viertel vier läuft die Prinzessin ein.

Veitshöchheim; Sonnabend. Die Sonne strahlt in den Park, die Putten stehen da und sehen uns an, die Prinzessin plappert wie ein Papagei. Sie sagt »Daddy« zu mir, eigentlich höre ich das gerne. Nun ist die Sonne röter, der Abend zieht sachte herauf, und die Prinzessin wird, wie immer, wenn es auf die Nacht geht, Mutter und Wiege und Zuhause. Wir sagen gar nichts – wir haben uns lange nicht alles gesagt, aber das muss man auch nicht, zwischen Mann und Frau. Der 25er wirft uns fast um. Wir fahren nach Würzburg zurück, das Grammofon spielt, Jack Smith flüstert, und ich höre allen Atelierklatsch aus ganz Berlin. Gute – – Wie bitte? Gute Nacht.

Würzburg, den ich weiß nicht wievielten. Auf einmal ist alles heiter, beschwingt, vergnügt – die Läden blitzen, wir trinken mit Maß und Ziel, ich pfeife schon frühmorgens in der Badewanne. Wir werden noch aus dem Hotel fliegen – das tut kein verheirateter Mann.

Auf der schönen Mainbrücke steht ein Nepomuk – wir gehen hin und legen ihm einen Glückspfennig zu Füßen, um die Ehrlichkeit des Heiligen und der Bevölkerung zu prüfen. Morgen wollen wir nachsehen ... (Wir sehen aber nicht nach, und nun liegt der Pfennig wohl heute noch da.) Die Prinzessin lugt schelmisch in die Schaufenster und unterhält sich auffallend viel über Damenwäsche, Kombinations, seidene Strümpfe ... Der schönste Schmuck für einen weißen Frauenhals ist ein Geizkragen.

Gar kein Ort; gar keine Zeit. – – – –

Zwischen Nancy und Paris; heute. Der Abschied war gefühlvoll, unsentimental, wie es sich gehört. Jetzt flutet das alles vorbei, in schweren Wellen; Jakopp und das vom Wein leicht angegangene Karlchen; die Barockpuppen im Park der Residenz, das Wasserschloss und der möpselnde Mann; Lichtenau und Miltenberg. Es ist sehr schwer, aus Deutschland zu sein. Es ist sehr schön, aus Deutschland zu sein. Ich sage: »Nun dreh dich um und schlaf ein!« Sie dreht sich, aber zu mir. Gibt die Hand. Am Morgen ist das erste, das ich sehe, ein gelbes seidenes Haarnetz. Und ein Mund, der vergnügt lächelt. Wie die Bahn rattert! Tackt wie eine Nähmaschine, Takt und Gegentakt. Der Neger singt: »Daddy – o Daddy!«, die Musik arbeitet, eine kleine Glocke läutet, jemand sagt »No more«, und dann ist alles zu Ende.

Mit Samuel Beckett in Würzburg

Steffen Radlmaier

Auch die alte Bischofsstadt Würzburg, damals noch unversehrt von den Zerstörungen des Zweiten Weltkrieges, möchte sich Beckett nicht entgehen lassen. Am 24. Februar nimmt er den Zug am Bamberger Bahnhof und überlegt kurz, ob er auch noch einen Abstecher nach Rothenburg, Dinkelsbühl und Nördlingen machen soll.

Die Stadt liegt, wie er im Baedeker gelesen hatte, »anmutig in einer Talweitung des Mains am Fuße rebenbedeckter Berghänge. Die von schönen Anlagen umgebene Altstadt, auf dem rechten Mainufer, erhält ihr Gepräge durch prächtige kirchliche und weltliche Barockbauten der Fürstbischöfe. Auf dem linken Ufer beherrscht die alte Festung Marienberg die Stadt.«

Für Reisende, die nur einen Tag Zeit haben, empfiehlt der Reiseführer am Vormittag den Besuch des Doms, der Residenz, des Hofgartens, des Luitpoldmuseums und der Marienkapelle und für den Nachmittag die alte Mainbrücke, Kippele und Frankenwarte oder Festung Marienberg. Beckett hält sich bei seiner Visite ziemlich genau an diese Route.

Beim Stadtbummel kehrt er in den Weinstuben des Juliusspitals ein und genehmigt sich zwei Schoppen. Aus dem Baedeker weiß er: »Die Frankenweine (berühmte Lagen ›Stein‹ und ›Leisten‹) werden in ›Bocksbeuteln‹, kurzen, etwas plattgedrückten, bauchigen Flaschen verkauft.«

Der Dom St. Kilian erinnert Beckett an einen Landsmann, den irischen Schutzpatron der Stadt, wie er seinem Freund Thomas McGreevy am 4. März 1937 aus Regensburg schreibt: »Würzburg began Irish also: Kilian, Kolonat & Totnan, all martyred.«

Kilian stammte aus einem bedeutenden irischen Geschlecht und wurde aufgrund seiner christlichen Haltung Bischof. Er verließ mit elf Gefährten, unter ihnen Kolonat, Gallo, Arnuval und Totnan, Irland, um »das Eigentum zu verachten, nach dem Evangelium des Herrn Vaterland und Eltern zu verlassen und völlig arm Christus nachzufolgen«.

Die Missionare kamen in das Gebiet der östlichen Franken zum wunderschön gelegenen Kastell Wirciburc (Würzburg), wo Herzog Gozbert regierte. Er und sein Volk waren noch Heiden. Um sie zu Christus zu bekehren, entschloss sich Kilian, beim Papst den Missionsauftrag einzuholen. Papst Kolon erteilte ihm die »Erlaubnis und Vollmacht, zu predigen und zu lehren«. Nach Würzburg zurückgekehrt, bekehrte Kilian den Herzog, und dieser ließ sich mit seinem ganzen Volk taufen.

Vermutlich im Jahre 689 wurden Kilian, der erste Bischof von Würzburg, und seine Gefährten Kolonat und Totnan ermordet, die Leichen sollen im Pferdestall der Herzogsburg (an der Stelle der heutigen Neumünsterkirche) verscharrt worden sein. Heute werden die Gebeine der drei Heiligen in einem Reliquienschrein in der Krypta der Neumünsterkirche aufbewahrt, die Schädel befinden sich in einem Schrein aus Bergkristall, der in den Altar des Kiliansdoms eingelassen ist.

Beckett, der sich bereits in Hamburg das Buch *Sprüche, Lieder, der Leich. Urtext und Prosaübersetzung* von Walther von der Vogelweide gekauft hat, besucht auch das Denkmal im Lusamsgärtlein am Neumünster, das an den berühmten Minnesänger erinnert. Der bedeutendste deutsche Dichter des Mittelalters ist vermutlich 1230 in Würzburg gestorben und begraben worden.

Begeistert reagiert der irische Tourist auf die berühmten Fresken des italienischen Künstlers Giovanni Battista Tiepolo im Kaisersaal und im Treppenhaus in der fürstbischöflichen Residenz, er hält sie für die »Überwindung architektonischer Grenzen«: »Die Tiepolo-Fresken in der Würzburger Residenz waren wundervoll, die Krönung der von Neumann inszenierten Schwerelosigkeit, oder besser gesagt ein Firmament. Im Übrigen bedeutet Würzburg Riemenschneider, den man mag oder nicht. Es gibt gute Sachen, eine hübsche Adam & Eva-Skulptur aus der frühen Periode, aber ab 1510 scheint er sich zu verzetteln in der unreifen, gewollt renaissanceartigen Unentschlossenheit plus fadenscheinigen Strenge, die man dann auch wieder in Nürnberg in solch schmerzlichem Überfluss findet. Und er ist immer sentimental«, so Beckett in seinem Tagebuch.

Viele Skulpturen des Holzschnitzers und Bildhauers Tilman Riemenschneider, der von 1483 bis zu seinem Tode 1531 in Würzburg wirkte, konnte sich Beckett im Fränkischen Luitpoldmuseum ansehen, aber auch Werke des so genannten Wolfkehlmeisters.

James Knowlson weist darauf hin, dass Beckett alte und aktuelle Kunstwerke gerne mit der eigenen Auffassung von Literatur und Theater in Verbindung brachte. So fand er seine eigene Position. Beim Besuch von Bamberg und Würzburg ist er besonders von den mittelalterlichen Statuen des Wolfskehlmeisters, der nach seinem Grabstein für Otto von Wolfskehl im Würzburger Dom (um 1348) benannt wird, ungeheuer fasziniert. Mehrmals sucht er die Skulpturen auf und studiert sie aufmerksam. Im Bamberger Dom hatte er bereits das Grabmal des Bischofs Hohenlohe vom Wolfskehlmeister bewundert und am 25. Februar in seinem Tagebuch notiert, dieser sei der Meister des Senilen und Gebrochenen: »Master of senile & collapsed … Another man for me. Remember: ›WOLFSKEHL-MEISTER‹.« Beckett erkennt sich offenbar in den realistischen, ausgemergelten Steinfiguren des unbekannten Bildhauers wieder. Nachmittags wandert der leidenschaftliche Fußgänger zum Käppele hinauf. Der Baedeker hat ihn auf die von Balthasar Neumann errichteten Wallfahrtskirche neugierig gemacht: »Ihre malerische Wirkung beruht in ihrer Lage am Bergabhang hoch über der Stadt sowie in dem bewegten Aufbau, den der Baumeister mit feinem Empfinden der Landschaft anzupassen verstand. Reizende Aussicht, besonders abends auf die Stadt und ihre Lichter.«

Im Vorbeigehen sieht Beckett auf dem großartigen Treppenweg ein Verbotsschild: *»Nicht Rauchen auf dem Leidensweg«*, ist im Notizbuch vermerkt.

Wiedersehen mit Nürnberg

Hermann Kesten

Wenn ich an Nürnberg denke, werde ich seltsam gelaunt, heiter und beklommen, wehmütig und optimistisch. Meine Gefühle gleichen mehr oder minder der Stadt. Die süßesten Empfindungen mischen sich mit Erinnerungen an schaurige Gräuel. Ruinen stehen neben hypermodernen Neubauten, in Nürnberg wie in meinem Gemüt.

Da ging ich, ein Kind von vier Jahren, hinter meinem Vater und meiner Mutter und meinen beiden Schwestern Lina und Gina am Laufertor vorbei durch die alte Lauferstraße spazieren. Damals hatte ich noch blonde Locken und trug einen für mein Bedünken hocheleganten blauen Samtanzug und ein schickes Spazierstöckchen aus Ebenholz, mit vier Jahren ein Kavalier der alten Schule, und meine Familie wunderte sich immer mehr, dass fortlaufend brave Nürnberger Handwerker und Geschäftsleute hinter uns die Fäuste schüttelten und schimpften, in ihrem kernigen mittelfränkischen Dialekt, ja einige Blitzgescheite mich misstrauisch musterten, gar mich fragten, ob ich ihre Haustürschellen gezogen habe.

Das waren noch mittelalterliche Schellen mit Löwenköpfen oder Drachenklauen, und zog man an ihnen aus Leibeskräften, so gab es einen hellen oder tiefen, scheppernden oder jammernden Klang, jeder war wie eigens für dieses besondere Haus, für dieses eigentümliche Handwerk oder Ladengeschäft ausgedacht, und ich vernahm sie wie lauter individuelle Stimmen.

Eine Schelle tönte ganz geschwind und hell: Feurio! Eine bimmelte: Diebe! Diebe! Eine dritte schrie: Unerwünschte Gäste: Gerichtsvollzieher! Polizei! Ehebrecher! (Unser Vater las uns aus der Bibel vor, also wusste ich, dass es Ehebrecher und sehr schöne Ehebrecherinnen gab.) Eine andre Schelle rief: Geh zur Kirche! Bete! Beichte! Büße! Sie klang wie das Glöckchen einer frommen Kapelle, bim bam! Eine andere Schelle rief: Liebchen, komm! Dein Liebster wartet! Eine rief: Der Geldbriefträger! Eine Schelle stöhnte: Ich bin der Tod! Bist du bereit? Und eine jauchzte: Ich bin das Leben!

Diese freche Sinfonie der Türglocken, dirigiert von einem Dirigenten, der kürzlich die Wonnen des Lebens und der Musik entdeckt hatte, war voller Symbole, und ich genoss die Musik der Schellen und den Aufruhr der Lauferstraßenleute und wirbelte mein schwarzes Spazierstöckchen wie ein Tambourmajor und zog es schließlich vor, zwischen Papa und Mama, deren Hände ich hielt, zu gehen, die damals so mächtig waren, wie die Könige von Persien und Medien oder gar Kaiser Wilhelm der Zweite. Übrigens hatte jedes dieser wie aus verschollenen Träumen übrig gebliebenen alten Häuser seinen spezifischen Geruch, als wäre er vor vielen hundert Jahren von einem Lebkuchenbäcker zusammen mit dem Haus mitgebacken worden, und diese Gerüche drangen aus den offenen Korridoren, Fenstern und Toren, es roch nach Safran und Bärendreck, nach Käsekuchen und Pfefferplätzchen und Bier, nach Ochsenmaulsalat und Bratwürstchen, nach Leder und lutherischen Bekenntnissen, nach öffentlicher Liebe und Pissoirs, nach Freimaurerei und gebackenen Karpfen, nach Spargel und kondensiertem Mittelalter.

Ach, zuweilen rieche ich noch im Traum diese längst verschollenen Kindheitsgerüche und stehe vor meiner ganzen Kindheit wieder und vor dem Schattenspiel meiner verlorenen Jugend, und ich fühle die verlegene Flamme des ersten Kusses wieder und meines Mädchens zweiten und hundertsten Kuss und so weiter, denn beim Küssen und bei Mädchen kommt man so leicht vom Hundertsten ins Tausendste, ja man gerät vom flüchtigen Zauber der ersten, zweiten, dritten Liebe so leicht in die lebenslänglichen goldnen Verliese. Die schüchterne Freundin entführt dich aufs Standesamt. Der einsame Abc-Schütze wird zum beliebten Autor, schon steht er mit einem Beitrag in den Lesebüchern für die reifere Jugend. Gestern machte er seine eigene Hausaufgabe, heute ist er schon die unbeliebte Hausaufgabe der Kinder seiner Schulfreunde.

Dieses mittelalterliche, altertümlich konservierte Nürnberg mit seinem Graben voll blühender Büsche und Bäume im Mai, mit seiner Mauer, die längst statt Feinde abzuhalten Freunde anzieht, mit seiner Kaiserburg und dem Heidenturm und der Eisernen Jungfrau und dem Nürnberger Trichter, mit seinen gemischt romanisch-gotischen Kirchen und dem Henkersteg und dem renovierten Dürerhaus, mit den schier tausendjährigen Gespenstern bei Vollmond und den etwa dreißigjährigen Taggespenstern aus dem Dritten Reich, mit der Erinnerung an Pfeffersäcke und Meistersinger, an Humanisten und Hans Sachs, an Dürer, Peter Vischer, Adam Kraft, Veit Stoß und Peter Henlein, mit dem Judenbühl, wo man Juden verbrannt hat, mit den Fichtenwäldern und Spargelfeldern, und der munteren Pegnitz, die ich als Kind alle Ufer überschwemmen sah, samt dem Hauptmarkt und der Buchhandlung von Edelmann, wo ich dann für Pfennige überschwemmte Klassiker nach Hause trug, von Uhland bis Simrock und Tieck und Jean Paul, und die Pegnitz tat, als wollte sie den Neptun selber auf seinem Brunnen ersäufen, und den Goldnen Brunnen und die Frauenkirche, die man anstelle einer niedergerissenen Judenschule erbaut hatte, ach, diese von vielen besungene, von manchen auch geschmähte alte Freie Reichsstadt Nürnberg, wie erfüllte sie mit ihrem Geist und ihren Gerüchen meine ganze Kindheit und Jugend, mit aberwitzigen historischen Träumen und mit verschollener und erregender Poesie, mit dem Glanz der kaiserlichen Reichskleinodien, die von 1424 bis 1796 in Nürnberg lagerten, und mit dem Hohngeschrei des Raubritters Eppelein von Gailingen, der samt seinem Ross vom Burgberg über den Graben aus der Gefangenschaft entsprang und jauchzend rief: »Die Nürnberger hängen keinen, sie hätten ihn denn zuvor.«

An dieses Triumphgeschrei eines gerade noch entkommenen Raubritters musste ich denken, als ich im Februar 1933 zum letzten Mal das unzerstörte alte Nürnberg sah, wo damals mitten im Tageslicht diese neusten Gespenster in braunen Hemden marschierten, mordende Gespenster, die ganz Deutschland uniformieren, kasernieren, kommandieren und am Ende krepieren lassen wollten, nur um die Welt zu erobern und die Menschheit mit ihrem nachtdüstern Provinzwahnsinn aus der vulgärsten aller Höllen, der Hitlerhölle, anzustecken, und denen es in der Tat gelungen ist, das alte schöne Deutschland samt meinem Nürnberg zum größten Teil zu zerstören und Dutzende Millionen von Deutschen und andern Europäern umzubringen und Deutschland zu verkleinern und zu halbieren.

Diese armen Menschen in Uniform, ich sah sie voller Mitleid an, sie jubelten ihrem eigenen Untergang zu, sie dachten mit den Füßen und lebten für ihre Messer, von denen sie vor allem Volk sangen, dass das Judenblut von ihnen spritze, und ein Teil des Volkes klatschte, als hörten sie Opernarien von Richard Wagner, auch wollten sie siegreich Frankreich schlagen, und hassten nichts so sehr wie ihre eigene Freiheit, wie ihre besseren Gefühle, wie Humanität, Toleranz und Menschenliebe. Wenn man sie auszog, waren es ganz gewöhnliche Kreaturen, nackt und hilflos, vielleicht ein wenig vulgär, ein wenig blutrünstig und ungewöhnlich albern, ungemein unwissende, arme, leidende sterbliche Kreaturen, die unglücklich waren, weil sie weder sich noch andre achten konnten.

Da kamen sie aus ihren mittelalterlichen Häusern heraus und rochen wie diese nach Bier oder Safran, nach Knoblauch vom Nürnberger Knoblauchsland oder nach Hitlers und Streichers Stürmerparolen, sie rochen nach Dummheit und Mordlust, nach Mittelalter und Tod, marschierende Gespenster und musterten mich misstrauisch und mordlustig, obgleich ich keine Locken mehr hatte und keinen schicken blauen Samtanzug trug, kein Spazierstöckchen aus Ebenholz, und auch nicht mehr an ihren Hausschellen gezogen hatte. Oder waren meine Bücher wie Glocken und Schellen in ihren Ohren? Und konnten sie die Sprache der edelsten deutschen Tradition darin nicht ertragen, die Sprache der Luther und Lessing, der Kant und der Heine, Schiller und Schlegel, der Humanisten und Pazifisten, der Vernunft und Menschlichkeit, und wollten sie nicht mehr gutes reines Deutsch hören, sondern nur deutsch bellen, wie ihre Hitler und Himmler?

Ich hätte ihnen gerne gesagt, die Nürnberger hängen schon lange keinen mehr, denn ich sah damals noch nicht die »Nürnberger Gesetze« voraus und hatte auch nicht wie Eppelein einen Gaul zur Hand und keine feste Raubritterburg in Gailingen, obendrein gab es ihresgleichen Millionen und Abermillionen in allen deutschen Städten und auch auf dem platten Land; da zog ich es vor, in aller Stille abzureisen, erst nach Paris, und als mir meine Landsleute nachreisten, im Frühjahr 1940, nach New York.

Dort träumte ich, wenn der Hudson vereist war, von der Pegnitz, die ich gerötet sah vom Blut unschuldiger Deutscher, die von ihren Leuten umgebracht wurden, nur weil sie unschuldig waren, oder andere Ansichten als Goebbels und Göring hatten, und ich beklagte meine armen betrogenen Landsleute, die für einen Hitler starben, was die erbärmlichste Art zu sterben war, oder die für einen Hitler leben wollten, was eine Art lebendiger Tod war.

Am Ufer des Hudson träumte ich von meiner guten alten Stadt Nürnberg, wo ich einen großen Teil meines Lebens verbracht hatte, sie war nicht mehr frei, sie war nicht mehr heil, sie brannte und verdarb, in lauter Flammen, Rauch und Gestank.

Als ich 1949 wiederkam, da standen nur Ruinen, und zwischen ihnen gingen blasse, bedrückte unsichere Menschen, die von nichts gewusst hatten, die sich an nichts erinnerten, und ich war seltsam beklommen. Meine Nürnberger hatten Synagogen verbrannt und Menschen vergast, und sie hatten es vergeben und vergessen. Und ihre Gegner hatten die Nürnberger Kirchen und Häuser, Kinder und Greise gebombt und hatten es vergeben und vergessen.

Beklommen ging ich durch die Ruinen von Nürnberg. Wie gerne hätte ich wieder an ihren Hausschellen gezogen und mich an ihr Gewissen und ihr Herz und ihre Vernunft gewandt. Nur waren da kaum noch Häuser und kaum noch Schellen und kaum noch Vernunft, Gewissen und Herz. Wie gerne hätte ich sie gesehen, dass sie aus ihren Häusern gekommen wären und ich oder ein anderer ihnen gesagt hätte: »Wacht auf! Und wenn ihr eure Stadt liebt, so baut eine bessere Stadt mit Bürgern, welche die Freiheit lieben und die Gerechtigkeit und ihren Nachbarn, wie sich selber. Rechtfertigt euch nicht vor Fremden, sondern vor eurem Gewissen, vor euren eigenen Kindern. So lange habt ihr eure Nachbarn gehasst, nun ist es Zeit, dass ihr lernt, mit euren Nachbarn in Frieden zu leben, und dass ihr um eure Toten weint, insbesondere um jene, die ihr selber erschlagen, vergast, vergessen habt. Es ist Zeit, ein besseres Deutschland zu gründen. «

Ich reiste ab und kam wieder, immer wieder, und die Stadt stand wieder auf, aus Schutt und Ruinen, wie die andern deutschen Städte (wie auch viele verbrannte und zerbombte Städte in andern Ländern Europas, von Russland und Polen bis Frankreich und England), und zuweilen blieb ich in Nürnberg vor den alten und neuen Häusern stehn und hatte Lust, an ihren Hausschellen zu ziehn und ihre Hausklingeln tönen zu lassen, um mit ihnen zu sprechen, von Freund zu Freund, von Bruder zu Bruder. Zum Glück fand ich viele Freunde, viele, die dachten und fühlten wie ich, und an ein neues, besseres Deutschland glaubten und nichts vergessen hatten.

Du bist doch die Hauptstadt Bayerns!

Hans Christian Andersen

Als ich Nürnberg nahe kam, seine alten grasbewachsenen Wallgraben sah, die doppelten Mauern und die vielen Tore mit Türmen, wie emporgerichtete Kanonen gestaltet, die wohlgebauten Straßen, die herrlichen Brunnen und die gotischen Gebäude, da musste ich erkennen: Du bist doch die Hauptstadt Bayerns! Zwar hast du die Krone an die Stadt München abgeben müssen, aber deine königliche Würde, deine eigentümliche Größe trägst du noch immer! Unter deinem Zepter reichten sich Bürgerfleiß, Kunst und Wissenschaft die Hand; weit über Land erschollen Adam Krafts Hammerschlag und Meister Conrads und Andreas' Glocken; Albrecht Dürers Bilder sangen Nürnbergs Namen noch lauter, als der Schuhmacher Hans Sachs es vermochte, und doch hatte der gute Meister eine unsterbliche Stimme.

Der Postillion blies durch Nürnbergs Straßen. Die Häuser sind voneinander verschieden und doch vom selben Charakter geprägt; alle sind alt, aber wohlerhalten, die meisten grün bemalt, einige tragen Bilder an der Mauer, andere sind mit hervorspringenden Erkern und Altanen geziert. Gotische Fenster mit kleinen achteckigen Scheiben werden von dicken

Mauern eingeschlossen; auf den spitzigen Dächern prangt eine Reihe Luken über der anderen, und jede Luke trägt ein Türmchen. In große eherne Schalen fallen die Springwasser, von künstlich geschmiedeten Gittern umschlossen. Doch – so etwas kann man nicht erzählen, das muss gemalt werden! Wäre ich dessen fähig, ich hätte mich hingestellt auf die alte gemauerte Brücke über dem Fluss, dessen gelbe Wasser wie Pfeile dahinschießen, und hätte alle die seltsam hervorspringenden Seitenhäuser gezeichnet, auch das gotische Gebäude, das auf Bogen über den Fluss herausragt und einen kleinen hängenden Garten mit hohen Bäumen und blühenden Hecken hat.

Könnt ich malen, so würde ich auf den Markt gehen, mich durch die Menge drängen und den Springbrunnen dort skizzieren; zwar prangt er nicht, wie in alten Tagen, mit reicher Vergoldung, aber die prächtigen Metallfiguren stehen noch da. Die sieben Kurfürsten, Judas Makkabäus, Julius Cäsar, Hektor – ja, das sind berühmte Leute! Sechzehn schmücken die untere Säulenreihe des Brunnens, und oben tritt Moses mit allen Propheten hervor. Wäre ich Maler, ich ginge zum Grabe des heiligen Sebaldus, wenn das Sonnenlicht durch die bunten Kirchenfenster auf die Apostelstatuen fällt, die Peter Vischer aus Erz goss, und Kirche und Grab würden dann gezeichnet, wie sie sich in meinem Auge abspiegelten; allein, ich bin kein Maler, ich kann es nicht wiedergeben. Ich bin Dichter, und daher fragte ich nach Hans Sachsens Haus. Man führte mich in eine Seitengasse und zeigte mir ein Haus; es hatte alte Formen, aber es war ein neues Gebäude; Hans Sachsens Bild prangte mit seinem Namen daran, allein es war doch nicht das Haus, wo er lebte und die Schuhe nähte. Es war die Stelle, alles aber war neu. Namen und Bild deuten an, dass hier ein Wirtshaus sei, das seinen Namen und sein Porträt als Schild trägt. 6263 Lustspiele, Trauerspiele, Lieder und Meistergesänge sollen hier geschrieben worden sein.

Vom Dichterhaus wanderte ich zum Königsschlosse, und dieses Gebäude steht in allem mit dem alten Nürnberg im Einklang; ritterliche Pracht außerhalb und traulich drinnen; die Mauern sind hoch, der Burghof selbst eng, aber die große grüne Linde, die hier wächst, hat Duft und Sage, die den Ort heimlich und lieb machen. Die Öfen – alle von Ton, groß und grün bemalt – könnten mit ihren Tausenden vergoldeter Figuren, ihren christlichen und heidnischen Bildern Stoff zu seltsamen Abenteuern geben. Welche Abende könnte das Kind erleben und verträumen, wenn das Feuer im Ofen die wappenbemalten Wände erhellte und die goldenen Figuren hervorträten und wieder verschwänden, je nachdem die Flammen leuchteten! Mit den Gedanken des Kindes würde Brentano uns ein unsterbliches Abenteuer ordnen können.

So dachte ich eben, als ich, begleitet vom Schlossvogt, der mir Jahreszahlen und Namen hersagte, seinen kleinen Knaben betrachtete, der uns folgte, aber manchen Augenblick uns verließ, um in einer Fensternische zu spielen. Lieber hätte ich hier zutraulich mit dem Kleinen gesessen und hätte ihn Träume und Wahrheit erzählen gehört; anderes sind im Grunde doch die meisten Erzählungen nicht, die die Älteren uns geben und historisch nennen. Ich möchte in der mondhellen Nacht mit ihm stehen und hinaussehen über die alte gotische Stadt, deren Türme gegen die Sterne zeigen, als wollten sie sie deuten; über die Ebene hinausschauen, wo das Posthorn erklingt und an Wallensteins Reiter denken, die hier zum Kampfe bliesen; in den Nebeln, die über die Wiese hinschweben, würde ich die schwedischen Reiter schauen, die für ihren Glauben kämpften. Ich möchte mit dem Kleinen unter der Linde im engen Schlosshofe sitzen und mit ihm erleben, was die Sage von Eppelin, dem wilden Ritter von Gailingen, berichtet. Von seiner Ritterburg belauerte er jeden Zug der Nürnberger Kaufleute, die mit ihren Waren zur Stadt fuhren;

wie der Falke schlug er seine Beute. Doch jetzt war der Falke gefangen; der wilde Ritter schmachtete in dieser Burg, wo die Linde wächst. Der Todesmorgen kam und es wurde ihm, wie nach alter schöner Sitte einem jeden zum Tode Verurteilten, vergönnt, noch vor seinem Tode sich die Erfüllung eines Wunsches auszubitten, und der Ritter bat darum, noch einmal sein treues Ross reiten zu dürfen.

Das Ross wieherte vor Freude, trug stolz seinen Herrn im kleinen Hofe herum, und der Ritter streichelte seinen kräftigen, schlanken Hals. Dem edlen Tiere schienen die Muskeln zu schwellen, seine Hufe schlugen das Steinpflaster. Immer kräftiger, immer rascher flog es im Kreise, dass die Gefangenenwärter und die Kriegsknechte sich dicht an die Wände drücken mussten, um ihm recht Platz zu geben, und das taten sie getrost; denn das Burgtor, das wussten sie, war fest verriegelt, entweichen konnte ihnen der Ritter nicht. Hätten sie aber im Auge des Pferdes lesen können, was da geschrieben stand, sagt die Chronik, so würden sie das Pferd im Fluge angehalten und die starken Hände des Ritters gebunden haben. Denn was stand da zu lesen? Es war eine stumme, aber flammende Sprache:

»In diesem jämmerlichen Hofe darf dein ritterliches Blut nicht fließen! Hier darf dein tätiges, wüstes Leben nicht enden! Sollte ich dich nicht mehr in die muntere Schlacht, durch die tiefen Hohlwege und die grünen Wälder tragen? Sollte ich nicht mehr den Hafer fressen aus deiner tapferen Hand? Verlass dich auf meine ungeheure Kraft, ich rette dich!«

Und das Ross erhob sich; der Ritter drückte ihm die Sporen in die Seiten, atmete tief, beugte sich über den Hals des Tieres; aus den Hufeisen stoben Funken, und das halbe Wunder war geschehen, das Pferd stand auf der Ringmauer, und bald flogen beide über den breiten Burggraben und waren gerettet.

Wenn der Wind in den Blättern der Linde säuselt, erzählt er davon.

Unter der Burg, in der Straße dicht dabei, liegt ein altes Haus, mit Fachwerk gebaut, aus drei Geschossen bestehend, von denen das eine über das andere herausragt; hier steht jeder Fremde still und beschaut es. Im Hausflur hängen Wappenschilder, von den verschiedenen Städten Bayerns hergesandt. Gehen wir nur einige Schritte um die Ecke, und auf dem kleinen Platz steht des Eigentümers kräftiges Bild; das Metall blitzt in der Sonne, es ist Albrecht Dürers Denkmal.

Nürnberg gleicht einzelnen kräftigen Alten, in denen sich die Jugend noch regt, in denen der Gedanke beweglich genug ist, sich den jugendlichen Ideen anzuschließen. Ein sprechendes Beispiel ist die Eisenbahn von Nürnberg nach Fürth, die erste Bahn, die in Deutschland angelegt wurde. Das alte Nürnberg war die erste Stadt, die auf den gigantischen Gedanken der jungen Zeit einging, die Städte durch Dampf und eiserne Bänder miteinander zu verbinden.

Ein Autor auf Lesereise

Jan Weiler

Bamberg. Besucher und Krabben aus Fernost

4. Oktober 2005

Zu den schönsten der vielen wunderbaren Eindrücke, die man beim Reisen gewinnt, gehört das Ankommen in einer fremden Sprache. Man überwindet innerhalb kurzer Zeit den eigenen Sprachhorizont, indem man ein Flugzeug besteigt, und am Ziel sprechen alle um einen herum plötzlich Portugiesisch oder Dänisch, als seien sie verzaubert.

Für diesen entzückenden Effekt muss man aber gar nicht unbedingt fliegen. Schon zweihundert Kilometer nördlich von München gestaltet sich die Verständigung ähnlich mühselig wie in Dubai. Man besteigt in München den Zug und verlässt ihn in Bamberg, setzt sich ins Taxi, nennt als Fahrziel den »Bamberger Hof« und stellt überrascht fest, dass die Taxifahrerin in einer gurgelnden Lautsprache antwortet, in der D's und R's wichtige Funktionen übernehmen. Ich höre genau zu, aber das meiste entgeht mir. Ich verstehe immerhin, dass sie mit »Gudd« fahren müsse, weil sie sonst im »Audo« hin und her »schaugld«. Das is also Frangn, da reden die alle so. Oder jedenfalls so ähnlich.

Von Bamberg weiß ich auch wieder nur erschütternd wenig. Irgendwie sind alle Eindrücke, die ich bisher von dieser Stadt hatte, von gemütlicher Art. Denn erstens hat hier Günter Strack mal eine Serie gedreht, und zweitens gibt es eine überaus wohlschmeckende Kartoffelsorte, die »Bamberger Hörnchen« heißt. Bei Bamberg denke ich an Frankenwein in Bocksbeuteln und Rokoko und Übergewicht.

Bamberg ist klein, ich habe es mir jedenfalls größer vorgestellt. Aber Münster und Lübeck habe ich mir kleiner vorgestellt, und so ist alles wieder im Lot. Jedenfalls hat Bamberg bloß um die 70 000 Einwohner und fast ebenso viele Kirchen. Ich rate zu einem Besuch der Oberen Pfarre, die viel barocker und hübscher ist als der Dom, auch wenn es dort Häupter von Heiligen und den berühmten Reiter zu sehen gibt, von dem man angeblich nicht weiß, wen er darstellen soll. Als Protestant kann man beim Besuch einer katholischen Kirche schon neidisch werden. Es gibt unglaublich viel zu sehen, und man wird hervorragend von langweiligen Gottesdiensten abgelenkt, indem man sich von Pfeilen durchbohrte Heilige und Bilder von der wundersamen Brotvermehrung ansieht. Die meisten protestantischen Kirchen bieten kaum geistige Fluchtwege. Man könnte auch sagen: Bei den Evangelischen gibt es Wahrheiten, bei den Katholischen Leidenschaft. Die Entscheidung für das eine oder andere ist am Ende wohl Geschmackssache.

Bamberg ist natürlich auch wieder zum Sterben schön, es teilt sich in drei wesentliche Stadtteile, und wer über die Obere Brücke durch das auf Wasser gebaute Rathaus wandert, gelangt von der bürgerlichen in die kirchliche Stadt. Alles in diesem Weltkulturerbe ist so niedlich und schützenswert – und zwar mitsamt seinem Dialekt und den Studentinnen –, dass man die vielen Japaner für jedes Foto umarmen möchte, das sie davon machen. Es ist ein Glück, dass hier überall Gäste aus Fernost herumrennen und begeistert auf den Rettich in der

Auslage des Gemüsefachhandels zeigen, denn ohne Touristen hätten die Geschäfte im Inneren von Bamberg wahrscheinlich ein Problem. Das Weltkulturerbe und der Denkmalschutz sind nämlich gleichzeitig Segen und Fluch für die Bamberger. Die können in der ganzen Innenstadt wenig verändern, kaum etwas Neues entsteht. Und wenn, dann nur unter erheblichen Auflagen. Das hat den Stadtkern zwar von den vielen blöden Ladenketten freigehalten, aber das ist ein Pyrrhussieg, denn etwas außerhalb der Stadt hat sich dafür das drittgrößte Gewerbegebiet Deutschlands ausgebreitet. Da sind sie alle, die Ketten und die Bamberger, die zum Einkaufen eher selten in ihre schönen Innenstadtgeschäfte gehen. Wie man's macht, macht man's verkehrt.

Ich kann nicht immer bloß in Kirchen gehen, ich muss auch mal ins Museum. Ich lande auf meinem Spaziergang im Naturkundemuseum, das ich dringend empfehle, und zwar unter anderem, weil dort keine Touristen sind, die begeistert irgendwo draufzeigen. Das einzige Geschöpf eindeutig japanischer Herkunft in diesem Museum ist eine Riesenkrabbe, die mir fürchterliche Angst einjagt. Die japanische Riesenkrabbe hat knapp sechzig Zentimeter lange Beine und einen fast runden Körper. Sie sieht aus wie das Alien, das im ersten Teil der Science-Fiction-Filmreihe auf dem Gesicht des Astronauten sitzt. Bloß viel, viel größer. Zum Glück lebt sie in dreihundert Meter Meerestiefe und in einer Weltgegend, in der ich mich schon ihretwegen nicht so schnell blicken lassen werde.

Die eigentliche Weltklasse-Attraktion des Bamberger Naturkundemuseums sind nicht Krabben, Wachsbirnen und Insekten, sondern es ist ein klassizistischer Saal voller ausgestopfter Vögel. Dort gibt es nahezu alle Vögel der Welt, jedenfalls hat man den Eindruck. Es ist ein gefiedertes Gewimmel sonderbarer Art, denn die Vögel stehen zu Tausenden in allen

Größen dicht an dicht in Vitrinen und auf Schränken, die Präsentation lässt eher an ein Archiv denken als an ein Museum, eher an Forschung als an Ausstellung, und tatsächlich war das mal ein Lehrsaal.

Auch ein Vogel Strauß findet sich hier: Himmel, sind diese Dinger groß! Und mehrere Nimmersatte. Der Nimmersatt ist eine Storchenart, und es gibt ihn in Amerika und Afrika. Ich bin nicht sicher, ob ich schon einmal einen schöneren Ausstellungsraum gesehen habe.

Nach der Lesung gehe ich mit dem Buchhändler etwas essen. Nur eine regionale Kleinigkeit, dazu gibt es echtes Bamberger Rauchbier, was selbst für einen erfahrenen Biertrinker wie mich eine sehr spezielle Erfahrung darstellt. Ich kann nicht sagen, dass das Zeug nicht schmeckt. Nur: Wonach schmeckt es eigentlich? Es kommt mir vor, als habe ein Schwarzwälder Schinken seinen Aggregatzustand geändert und würde nicht mehr gegessen, sondern getrunken. Das zweite Glas geht schon viel besser.

Regensburg. Gustav Mahler darf nicht in die Walhalla

24. Oktober 2005

Nach Regensburg kommt man ja auch nie, das liegt nicht auf dem Weg nach irgendwo, sondern vorm Böhmerwald. Oberpfalz. Strukturschwache Gegend, heißt es. Dünn besiedelt und gering industrialisiert. Nichts, womit man angeben kann. Früher muss das mal anders gewesen sein, Regensburg war mal wichtig. Es ist die viertgrößte Stadt in Bayern und verfügt selbstredend über einen kapitalen Dom. Am Südwest-Eingang des Doms Sankt Peter hängt ein Schild, das auf eine gewisse »Judensau« an der rechten Säule neben dem Eingang hinweist. Wie bitte? Ich glaube, es geht los.

Bei der »Judensau« handele es sich um die Abbildung einer Sau mit an den Zitzen herumspielenden Juden. Das sei als Schmähung gemeint gewesen, denn in südwestlicher Richtung befand sich das Judenghetto. Ausweislich des Schildes müsse man die »Judensau« in einem geschichtlichen Kontext begreifen, und heute sei das Verhältnis zwischen Christen und Juden von Verständnis und Toleranz geprägt. Das ist jetzt kein Satz für Kunsthistoriker, aber: Ich würde diesen Scheiß ja abschrauben und wegschmeißen. Das Judenghetto ist schließlich auch weg, das wurde schon vor fünfhundert Jahren niedergebrannt. Wo damals die Synagoge stand, wurde später die erste evangelische Kirche von Regensburg hingebaut.

Wie dem auch sei. Schon aus Gründen politisch korrekter Erregung muss ich das Regensburger Anti-Juden-Schwein natürlich sehen und betrete neugierig den Dom. Aber ich finde die »Judensau« nicht. Komisch. Die ganze Aufregung für die Katz. Aber so ist das nun einmal: Da gibt es in dieser traumhaft schönen Kirche atemberaubende Fenster, den berühmten »Lachenden Engel« und ein zweiunddreißig Meter hohes Gewölbedach. Und was bleibt am Ende in Erinnerung? Fünfhundert Jahre alter Quatsch, den man nicht einmal zu sehen kriegt.

Es ist gar nicht so einfach, sich in Regensburg zurechtzufinden, denn dieser weitgehend bei Bombardements ausgelassene und daher wunderschöne Ort besteht zu einem Gutteil aus autofreier Altstadt, Kirchen und Geschenklädchen mit Ratzinger-Tellerchen. Man verläuft sich leicht in den Gässchen, die voll sind von Holzspielzeuglädchen und sehr angenehmen Cafés. Schon das Navigationsgerät im Auto hatte vor der »Unteren Bachgasse« kapituliert. Dort hat man mir ein Zimmer gebucht. Im Hotel »Orphée«. Man muss ganz verboten zwischen den Fußgängern hintuckern, anders bekommt man sein Gepäck nicht dorthin. Das Hotel ist dafür aber ein Traum.

Wenn alle Hotels so wären wie das »Orphée«, würden alle Menschen Handelsvertreter werden wollen. Es ist nicht bloß geschmackvoll eingerichtet und freundlich geführt, sondern hat Atmosphäre, was man heute von fast nirgendwo mehr sagen kann. Sogar das Zimmermädchen ist hinreißend. Man wünschte, man wäre ein Bett und würde von ihr frisch bezogen. Aber nun nicht ins Säfteln kommen. Ich bin ja noch nicht vierzig.

Die Lesung findet in der Nähe statt, in einem Saal, der »Leerer Beutel« heißt, was erst einmal alle Alarmglocken schrillen lässt. Leerer Beutel klingt nach schlimmer Studentenkneipe, auf deren Speisekarte »Knobibrot« und »Salat mit Putenbruststreifen« und »Rotwein haut rein« steht. Es stellt sich zu meiner Erleichterung heraus, dass es sich beim »Leeren Beutel« um einen historischen Saal und ein angrenzendes anständiges Restaurant handelt, wo ich vor der Lesung eine Kokos-Linsen-Suppe esse.

Nach der Lesung starke Müdigkeit. Vielleicht habe ich mich bei Klaus Kinkel mit Malaria angesteckt. Der soll das ja angeblich haben. Wäre aber schon sehr erstaunlich, wenn ich das von ihm hätte, denn ich bin ihm noch nie begegnet. So was denkt man, kurz bevor man einschläft.

Morgens im Hotelrestaurant gefrühstückt und Zeitung gelesen: die *tageszeitung,* also die *taz,* dieses Juwel alternativer Meinungsbildung. Und da wird mir schlagartig klar, was das hier für ein Laden ist. Das ist das Hotel für diese Bütikofers, die in Wahrheit die neue bürgerliche Mittelschicht bilden und die FDP an den rechten Rand der Neoliberalität gedrängt haben. Hier steigen Menschen ab, die gerne teuren Rotwein trinken, in einem ordentlichen Hotel mit antiken Möbeln schlafen und morgens zur Latte Macchiato die *taz* lesen müssen. Was soll ich sagen: Mir gefällt das.

In Regensburg kann man ein bisschen bleiben, entscheide ich und gehe spazieren. Ich besteige einen Bus mit Anhänger. Im vorderen Teil erklingt die Stadtführung auf Deutsch, im Anhänger auf Englisch. Habe ich noch nie gemacht. Bevor das Ding loszuckelt, reißt ein Stadtrundfahrtsangestellter die Tür auf und blökt uns arme schüchterne Rentner an: »Lüftung gibt's nur, wenn Sie die Fenster aufmachen. Wenn Sie die zurammeln, ist hier Pumakäfig.«

Die Stadtrundfahrt bereichert mich um mehrere Anekdoten aus der Stadtgeschichte Regensburgs. Die schönste ist diese hier: Als die berühmte Steinerne Brücke gebaut wurde, wettete der Baumeister mit dem des Doms, dass er mit seinem Bauwerk eher fertig würde. Der Brückenbaumeister geriet aber in Verzug und ließ sich auf einen Pakt mit dem Teufel ein. Dieser half ihm bei der Fertigstellung und sollte dafür die ersten drei Seelen erhalten, die die Brücke überquerten. Als die Brücke fertig war, kündigten sich Kaiser, König, Kardinal, Bürgermeister und so weiter an, und der Brückenbauer bekam Panik. Schließlich jagte er einen Hund, einen Hahn und eine Henne über die Brücke, und deren Seelen wanderten in die Hände des Teufels. Der wurde sauer und fühlte sich zu Recht veräppelt. Er versuchte also, die Brücke zu zerstören, indem er sich unter den mittleren Brückenbogen stellte und von unten drückte. Die Brücke ging aber nicht kaputt, sondern erhielt auf diese Weise bloß ihre charakteristische, nach oben gewölbte Form.

Natürlich ist auch viel von Papst Benedikt die Rede. Die Dame auf dem Tonband braucht mehrere Minuten, um seine Verdienste, Titel und Funktionen in und um Regensburg aufzuzählen. Am Ende sagt der Rentner neben mir halblaut zu seiner Frau: »Und denn wara noch ersta Tenor bei'n Rensburjer Domspatzn.«

Auf dem kurzen Weg durch die Dungau nach Straubing mache ich einen Abstecher zur Walhalla, der 1842 eröffneten deutschen Hall of Fame. Man kann von dort aus nicht nur sehr weit ins Land sehen, sondern auch umgekehrt vom Land aus auf die Walhalla. Unten fließt die Donau, und oben floss zumindest in früheren Zeiten der Schweiß, denn es waren ursprünglich dreihundertachtundfünfzig Marmorstufen zu überwinden, wenn man zu dem langgestreckten Tempel kommen wollte. Dessen aus Dolomitblöcken gefertigter Unterbau scheint in der Sonne. Inzwischen muss aber niemand mehr in der Mittagshitze hinaufsteigen und sich demütigen, denn es fahren klimatisierte Reisebusse mit Tortenkillern in kieselfarbenen Funktionsjacken von hinten bis dicht heran.

In der germanischen Mythologie bezeichnet Walhalla die postmortale Wohngemeinschaft der gefallenen Krieger. So ist das hier auch gemeint. Alle deutschen Helden sollen versammelt sein. Es ist sehr einfach, die ganze Idee in ihrer ernsthaften Pracht ulkig zu finden. Entstanden ist sie jedenfalls vor zweihundert Jahren, als die Deutschen noch gar kein richtiges Volk waren, sondern ein ziemlich lose verbundener Haufen von Kleinstaatlern. Die Walhalla sollte die Identität der Deutschen und mit dem Deutschen stiften. Eigentlich eine sehr fortschrittliche Idee des bayerischen Königs Ludwig I.

Die Brüstung des Innenraumes wird von einem Fries umrahmt, der die Geschichte der Germanen wiedergibt, mit Einwanderung kaukasischer Bewohner aus dem Osten, Barden, Druiden, Einfall der Germanen in Italien und Sieg über Papirius Carbo sowie Völkerschlacht von Adrianopel. Aha. Denkt man da. Und: soso. Dann natürlich die Helden. Einhundertsiebenundzwanzig deutsche Köpfe. Viele von denen kenne ich allerdings gar nicht, zum Beispiel den Fürsten Barclay de Tolly oder Michiel Adriaenszoon de Ruyter. Der Erste war Russe und der Zweite Holländer. Ludwig I. hatte verfügt, dass in die Walhalla aufgenommen werden könne, wer »teutscher Zunge« und also nicht notwendigerweise rein deutschen Blutes sei. Es sind daher auch Holländer und Angelsachsen und Franzosen dabei. Der war schon ein echter Europäer, der Ludwig. Und hellsichtig war er auch, denn erstens würde Mozart bei enger Auslegung der Aufnahmekriterien fehlen, und zweitens wäre dann sogar für Ludwig I. selbst kein Platz. Der wurde nämlich in Straßburg geboren und starb in Nizza.

Das ganze Thema ist hochgradig kompliziert, zumal inzwischen wirklich nur noch reinkommt, wer auch in Deutschland geboren ist. Die Letzten, die als Büste in die Walhalla gestellt wurden, waren Konrad Adenauer und Sophie Scholl, wogegen in beiden Fällen nichts zu sagen ist. Die Scholl-Büste ist aber etwas groß geraten, das arme Mädchen hat einen Wasserkopf bekommen. Auch einige weitere Ehrenköpfe überzeugen mich nicht so. Einstein zum Beispiel. Der sieht mir zu comicköpfig aus. Und Franz Schubert. Da stimmen die Proportionen nicht, oder er sah sonderbar aus.

Mit der Orthografie hapert es hier und dort. Immanuel Kant fehlt beispielsweise ein dringend benötigtes »m«. Und der Humanist Johannes von Reuchlin heißt auf seiner Büste Reichlin. Das ist doch ein starkes Stück. Da kommt man schon in die Walhalla, und dann war der Bildhauer Legastheniker.

Schließlich fällt auf, dass Einige fehlen. Bertolt Brecht zum Beispiel. Der gehörte hier schon rein. War ihnen aber wohl zu unbürgerlich, der Brecht, hätte vielleicht nachts heimlich Zigarre geraucht und damit den empfindlichen Goethe beleidigt. Immerhin kommt Heine bald in die Walhalla. Ich ahne, dass er selbst das komisch gefunden hätte, denn er war es, der die Walhalla einst als »marmorne Schädelstätte« verspottet hat.

Auch bei den Tonsetzern vermisse ich jemanden. Anton Bruckner ist drin. Bach, Beethoven, Brahms, Gluck, Händel, Haydn (der auf der Büste doch tatsächlich Heyden heißt), Reger, Schubert, Richard Strauss, von Weber und Wagner sowieso. Aber Gustav Mahler nicht. Der hatte schon zu Lebzeiten seine Not mit der Anerkennung. Er konvertierte sogar vom Judentum zum Katholizismus, aber nicht einmal das half ihm weiter. Später wurde er mittels antisemitischer Berichterstattung der lokalen Medien aus Wien weggemobbt. Und nun darf er nicht einmal in die Walhalla, die auf diese Weise in etwas unangenehmer Weise an den Regensburger Dom erinnert. Womöglich ist es gar keine so große Auszeichnung, hier zu landen.

In Regensburg

Claudio Magris

Auch das Volksbuch des Doktor Faust rühmt die Stadt Regensburg mit ihrer Steinernen Brücke, einem Wunderwerk der Jahrhunderte und der Welt. Die Chronisten erwähnen ihren Glanz als Bischofssitz und freie Reichsstadt; Maximilian I., der kaiserliche Ritter, bezeichnet sie 1517 als »einst unter den reichen und berühmten Städten unserer deutschen Nation die blühendste«. Belobigung und Trauer umgeben die prächtige romanisch-gotische Stadt mit den hundert Türmen, den Gassen und Plätzen, wo sich in jedem Steinfries die Schichten einer über viele Jahrhunderte andauernden Geschichte abgelagert haben. Die Lobsprüche und Panegyriken auf die Stadt füllen Bibliotheken; die Elogen beziehen sich jedoch immer auf den Ruhm und Glanz einer vergangenen Zeit – »einst« sagt bereits Kaiser Maximilian. Die Kirchen, die Türme, die Patrizierhäuser, die Skulpturen sprechen von einer majestätischen Vergangenheit, von einer Blütezeit, deren man sich nur noch erinnern, aber niemals habhaft werden kann, die immer schon vergangen und niemals Gegenwart ist.

Die Nostalgie der Epigonen wacht über die Reste einer Vergangenheit, die ihrerseits die Reliquien und Erinnerungen einer noch früheren Epoche kultivierte. »Die Stadt ist altmodisch und platt, der Senat spricht im Tone des 15. Jahrhunderts«, schrieb Johann Andreas Schmeller im Jahre 1802, doch bereits im 15. Jahrhundert trauerte man dem verlorenen Glanz früherer Zeiten nach. Vielleicht ist Regensburg auch deshalb – und nicht nur seiner Türme wegen – mit Prag verglichen worden, der Goldenen Stadt, die ebenfalls stets und ausschließlich aus der Erinnerung an entschwundene Glanz- und Ruhmeszeiten zu bestehen scheint.

Regensburg ist die Stadt derer, die in ihren Stadtstaat verliebt sind und die Erinnerung daran, die über jedem Portal und auf jedem Kapitell sorgsam geschützt wird, pflegen und verehren. Diese Gelehrten, die in der Vergangenheit anderen Gelehrten begegnen, die ihrerseits die Bewahrung der vergangenen Jahrhunderte zu ihrer Aufgabe gemacht haben, sind wie alle Lokalgelehrten immer heiter und bewegt, auch wenn sie unter ihren Erinnerungsstücken einmal nicht auf antiquarische Kuriositäten stoßen, sondern auf die ganz großen Augenblicke der Geschichte, etwa als Friedrich Barbarossa die Steinerne Brücke überschritt. Auf sechshundertfünfundsechzig überfüllten, eng bedruckten Seiten rekonstruiert Karl Bauer Stein für Stein den alten Stadtplan von Regensburg, die Geschichte und die Bedeutung eines jeden Hauses, eines jeden Bauwerkes, die Schatten, die Hunderte und Aberhunderte von Jahren auf die Gassen, die Bögen, die Türen und die Ecken der kleinen glanzvollen Plätze geworfen hatten. So verbreitet er sich in einem 1980 erschienenen Buch über das Haus Nummer 19 in der Kreuzgasse, er beschreibt Christian Gottlieb Gumpelzhaimer, den Historiografen von Regensburg, der 1841 in diesen Mauern starb und dessen Leidenschaft ganz auf die Vergangenheit seiner Heimatstadt gerichtet war; im ersten Band seines Werkes *Regensburgs Geschichte, Sagen und Merkwürdigkeiten*, das in den Jahren zwischen 1830 und 1838 herauskam, spricht er von seiner Liebe zu den Altertümern dieser Stadt.

Seit 1663 Sitz des immerwährenden Reichstags ist Regensburg ein Zentrum des Heiligen Römischen Reiches; vielleicht auch deshalb entsteht die Stadt unter dem Zeichen nostalgischer Rückwendung zur Vergangenheit, denn das Heilige Römische Reich ist in seinem innersten Wesen von Beginn an der Reflex vergangener Größe gewesen, der Traum, diese wiedererstehen zu lassen und mit neuem Glanz zu erfüllen, *translatio* und *renovatio* des Römischen Reiches, das es nicht mehr gibt, Widerschein der römischen Universalidee, deren politische Form sich aufgelöst hat. Wie die einsichtsvollsten und nüchternsten Historiker festgestellt haben, war das Heilige Römische Reich gewiss nicht das Universalreich, wie es von den kirchlichen Denkern gedacht wurde, es war weder identisch mit der *res publica christiana* noch mit der abendländischen Christenheit (Julius Ficker); es war darin nicht, wie Barraclough schreibt, der Anspruch auf universelle Herrschaft enthalten. Die großen deutschen Herrscherpersönlichkeiten – von Otto dem Großen bis zu Heinrich IV. und Friedrich Barbarossa, vom sächsischen über das salische bis zum schwäbischen Kaiserhaus – erstrebten und verwirklichten teilweise eine starke deutsche Monarchie, einen konkreten einheitlichen Staat, und verstiegen sich keineswegs zu dem Traum einer Weltherrschaft.

Doch nicht nur der Mensch, wie Herodot meint, sondern auch eine Idee – in diesem Fall die Reichsidee – ist dem Wechsel der Ereignisse unterworfen. Im Verlauf der Jahrhunderte und durch die Veränderung der historischen Situation verändert sich auch die Bedeutung der Reichsidee; je mehr das Reich an politischem Gewicht verliert (indem es durch die autonome Machtstellung der Fürsten als Institution praktisch außer Kraft gesetzt oder, wie es bei den Habsburgern geschieht, den dynastischen Interessen untergeordnet wird), desto mehr behauptet sich, gewissermaßen aus kompensatorischen Gründen, ein universalistisches Pathos der Reichsidee, das über die Krise, über das Machtvakuum hinwegtäuscht. Daher kann zu einer Zeit unsicherer deutscher Politik und angesichts drohender ausländischer Interventionen Alexander de Roes vor der Zerstörung des Reiches warnen, weil dann die Weltordnung zusammenbrechen würde.

Das Reichspathos ist das Pathos einer Abwesenheit, eines Missverhältnisses zwischen der Größe der Idee und der Armut der Realität, wie es D'Annunzio in dem Schicksal des langmähnigen Sigismund dargestellt hat: »die stürmische kaiserliche Seele, / die wenige Schlösser und nicht die Welt besaß«. Die Reichsidee richtet sich auf eine utopische Zukunft und nährt sich dabei von einer mythischen Vergangenheit, sie schöpft aus vergangener und entschwundener Größe; ihr Ruhm ist immer jenes »einst« einer längst vergangenen Zeit, das Kaiser Maximilian auf den Ruhm der Stadt Regensburg bezog.

Die Donau unter der Steinernen Brücke, groß und braun im Abendlicht, das das Spiel der Wellen reflektiert, scheint die Erfahrung all dessen, was fehlt, zu evozieren, das Strömen des Wassers, das verflossen ist oder fortfließen wird, aber niemals da ist. Die Luft und das dunkle Wasser sind voller Wind, voller Reflexe und Farben und Geräusche, Flügelschlagen der Vögel, Gras, das sich wiegt und im Schatten versinkt; doch als ich die turmreiche Stadt betrete, habe ich das Gefühl, zwischen zwei Seiten eines Buches geraten zu sein, desjenigen von Gumpelzhaimer, der die vergangenen Jahrhunderte beschwört, und desjenigen Karl Bauers, der sich auf Gumpelzhaimer bezieht. In diesem ganz schmalen Zwischenraum – vielleicht sind es nicht einmal zwei verschiedene Blätter, sondern Vorder- und Rückseite desselben Blattes – lebt es sich gut, man ist geschützt vor den Unbilden der Ereignisse. Heinrich Laube träumte 1834 von einem idyllischen alten Regensburg mit sanften

Mädchen, die sich mit niedergeschlagenen Augen küssen ließen, von wellenweichen Liedern und ohne Polizei oder Rezensenten in der Nähe. Die Idylle liebt weder die Mobilmachung noch die Organisation, sie meidet die Vorschriften der öffentlichen Sicherheit ebenso wie die Ordnungshüter der Kulturindustrie.

Um die Wahrheit zu sagen: Ich bin nicht auf der Suche nach der Abwesenheit hierhergekommen, auch wenn die Vergangenheit in gewisser Weise mit diesem Aufenthalt in Regensburg zu tun hat. Die Marschallin erwartet mich am Anfang der berühmten Steinernen Brücke, auch wenn ich von der anderen Seite in die Stadt gekommen bin. Das ist keine unvorhergesehene Laune, die Flüsse und die Brückenbögen, unter denen sie sich teilen, um danach wieder zusammenzufließen, haben ihr schon zu unserer Schulzeit gefallen, als es den Anschein hatte, ihr Lachen würde die Dinge konkret werden lassen und die Papierschlange am Lampion in einen leuchtenden Kometen verwandeln.

Ich erinnere mich nicht mehr, wer von uns ihr jenen von Flaubert inspirierten Spitznamen gegeben hatte; seit vielen Jahren lebt sie weit entfernt, erst in Wien, dann in Linz und jetzt in Regensburg, zusammen mit ihrem Mann und ihren beiden Töchtern, deren vollkommene Ähnlichkeit mit der Mutter noch heute für uns alle aus jener Klasse und aus jenen Sommern die sicherste Garantie für die Kontinuität des Lebens und die Zuverlässigkeit der Dinge darstellt. Die Zeit, deren Macht bisweilen durchaus anfechtbar ist, hat ihren Glanz in diesen Jahren nur erhöht, hat ihr Tribut entrichtet wie ein Vasall, hat ihre Raubgier um mütterliche Zärtlichkeit bereichert, hat ihrer Vitalität den tiefen Zauber der Bewusstheit verliehen. Die Marschallin hat ihre Krallen noch, sie hebt den Kopf und entbietet dem Abendwind ihr Lachen mit jener leichtsinnigen und gebieterischen Hochherzigkeit, die ihr schon damals in der Schule das Aussehen einer Nomadenkönigin gab und den Klassenlehrer dazu verleitete, wenn er einen ihrer Aufsätze oder eine ihrer Klassenarbeiten lobte, sie anschließend zu ermahnen: »Denk aber daran, dass *qui proficit litteris sed deficit moribus magis deficit quam proficit …«* Wer sich in den Wissenschaften hervortut, es aber an Sittlichkeit mangeln lässt, verliert mehr, als er gewinnt.

Die Marschallin liebte Latein, worin sie die besten Zensuren erhielt, derenthalben ihr dann andere Geniestreiche verziehen wurden; in der unbedingten Klarheit, mit der sie durch das Leben und der Zukunft entgegen stürmte, war eine klassische Reinheit enthalten, eine Syntax, die den chaotischen Staub der Welt ordnet und die Dinge an ihren rechten Ort zu setzen vermag, das Subjekt in den Nominativ, das direkte Objekt in den Akkusativ. Wer sie damals gesehen hat, wie sie lachend dem Meer entstieg, an jenen letzten Oktobertagen, die sie am meisten liebte, wird sich schwerlich von falschen Lehrern betrügen lassen.

Mit der unendlichen, irreduziblen Vielfalt an Erinnerungen, Stilen, Bildern, Vorstellungen, die sich gleichwohl zu einer grundlegenden tonalen Einheit zusammenfügen, ist Regensburg der Marschallin durchaus angemessen. An der Fassade des bewundernswürdigen Doms tritt ein ganzes Heer von Figuren aus dem Stein hervor, Tiere, Gesichter, Fabelwesen und monströse Ungeheuer, ein üppiger Wald von Leben, das eine höhere Harmonie, die Einheit der Schöpfung zeigt. Die grinsenden Gesichter, die aus den Nischen hervorlugen, sind gezähmt, tragen fast klare und entspannte Züge als Ausdruck eines christlichen Lebensmutes, der sich zu der Vielfalt der Existenz bekennt, zu jeder ihrer unzähligen Kreaturen, eben weil er sie als Geschöpfe Gottes erkennt, als Figuren eines universalen Plans, innerhalb dessen es keine Monster gibt.

Auch die Marschallin ist ein Geschöpf dieses wilden

christlichen Waldes, sie tritt aus dem Stein hervor, um sich kühn in die Lüfte zu schwingen, aber sie sieht sich als Teil jener Totalität. Das Leben ist nicht sanft mit ihr umgegangen, wie es niemals sanft ist zu den Starken oder jenen, die ihre Schwächen zu verbergen suchen, um nicht andere damit zu belasten und um ihnen statt dessen Trost und Kraft zu geben. Mit dem, der bewusst lebt, der um seine Vergänglichkeit weiß, geht das Leben hart um; es ist hingegen nachsichtig mit den Schwachen oder vielmehr jenen, die ihre Schwächen hervorkehren, um alle ihre Lasten anderen aufzubürden, und verwöhnt, bedauert, verhätschelt werden als schöne, edle Seelen. Selbst Jesus ist ungerecht gegenüber Martha gewesen; offenbar fand er es selbstverständlich, dass sie das Essen zubereitete, während Maria glückselig und bequem seinen Worten lauschte. Und doch ist es Martha gewesen, die das intensivste Glaubensbekenntnis abgelegt hat, eindringlicher vielleicht noch als das des Petrus.

Wie schwierig ist es, eine Marschallin zu sein – die Welt verlangt stets von ihr diese eine Rolle und erlaubt ihr nicht, Zahnschmerzen zu haben oder melancholisch zu sein, legt alles auf ihre schönen Schultern, die so stark zu sein scheinen. Auch jenes Herz kennt jedoch die Schwäche, zittert manchmal, fühlt aus dem tiefsten Grund die Phantasmen der eigenen Dunkelheit aufsteigen. Wie in den Allegorien am Portal von Sankt Jakob in Regensburg vertreibt sie jedoch jene bösen Geister wieder, wirft sie zurück in die Gestaltlosigkeit, fesselt sie in ihrem trüben Nichts und entwaffnet sie. Eine heitere Nacht und Unsterblichkeit, heißt es im Abendgebet. Wäre ich über längere Zeit ihr Schulkamerad gewesen – meine Bekehrung hätte vielleicht stattgefunden.

Sie is a Mistviech! – Über die Essiggurke

Daniel Muggenthaler

Der Wissenschaftler nennt sie, allerdings ohne Essig, Cucumis sativus. Das Kürbisgewächs stammt aus dem nördlichen Vorderindien. Niederbayern aber ist quasi die Kornkammer der deutschen Einlegegurke, so der Terminus technicus für die Essiggurke. Jede zweite deutsche und fast jede bayerische Essiggurke stammt aus dem Gurkenbermuda zwischen Straubing, Dingolfing und Passau. Kein Wunder: Von 2000 Hektar bundesrepublikanischer Anbaufläche liegen 1200 in Niederbayern.

Doch bevor überhaupt eine einzige Gurke geerntet werden kann, muss die richtige Sorte gewählt werden; man unterscheidet, wie der Gartenbaufachberater der Regierung von Niederbayern zu berichten weiß, zwischen zwei Gruppen: zum einen die so genannten normalbestäubenden Sorten, die von herkömmlichen Insekten bestäubt werden müssen, zum anderen die parthenokarpen Sorten, die sich selbst genug sind und ohne Bestäubung auskommen. Letztere setzen auch Früchte bei ungünstiger Witterung an, bringen deshalb frühzeitigere Erträge und weniger verkrüppelte Früchte. Diese parthenokarpen Essiggurken werden von den Bauern mittlerweile bevorzugt.

Vor der Saat werden die Felder maschinell mit schwarzer Mulchfolie abgedeckt, die dazu dient, die starken Temperaturschwankungen zwischen Tag und Nacht auszugleichen. Dann stanzt eine pneumatische Sämaschine alle dreißig Zentimeter ein Loch in die Folie, in das von Hand jeweils drei bis fünf Saatkörner gelegt werden. Die frische Saat wird zusätzlich mit Vliesbahnen abgedeckt. So sehen die Gurkenfelder mitten im Sommer aus wie gigantische Kunstschneefelder. Nach zwei bis drei Wochen werden sie das erste Mal sauber gemacht, denn unter dem wärmedämmenden Vlies gedeiht nicht nur das Gürkchen prächtig, sondern das Unkraut ebenso.

»Mit dem Vlies ist des scho so a Sach«, klagt ein Gurkerlbauer, wenn es zum Beispiel stark regnet und die Gurkenbrut noch zu klein ist, klebt die Erde fest und »wir müssen dann per Hand die ganze Sach wieder locker machen, eine Fieselarbeit.«

Zwischen Juni und September »fliegt« der zweiflügelige Gurkenflieger weithin sichtbar über die dunkelgrünen Felder. Dieser speziell für die Gurkenernte umgebaute Traktor mit seinen zwanzig Meter breiten Flügeln rollt im Zeitlupentempo über das Feld. Auf seinen Tragflächen machen sich bis zu zehn Erntehelfer über die kleinen grünen Dinger her. »Man hat es schon mal mit zwölf Erntehelfern pro Flügel probiert, aber da ist es mit der Balance schwierig geworden«, erzählt Karl Schwarzmüller, ein Gurkenbauer aus Aiterhofen bei Straubing.

Den Gurkenflieger hat natürlich ein Niederbayer erfunden: Siegfried Kleisinger, Spross einer Gurkerlbauerfamilie bei Vilshofen, schweißte schon vor Jahren den Prototyp des Gurkenfliegers zusammen.

Die Gurkenernte ist auch heute noch Handarbeit, nicht gerade eine Schinderei, aber mit Muskelkater in den Armen, der Schulter und dem Hals müssen die Pflücker schon rechnen. Deutsche Arbeitskräfte lassen sich für diese Arbeit nicht mehr finden, ist man sich in der Gurkenszene einig. Die Erntehelfer, die Saisonarbeiter stammen zum größten Teil aus den osteuropäischen Nachbarländern. »Bei uns sind es fast immer dieselben. Die machen zuhause Urlaub und fahren dann hierher«, so Bauer Schwarzmüller; bei den Schwarzmüllers sind es Polen und Slowaken – ein Flügel Slowaken und ein Flügel Polen. Da reiht sich der Physikprofessor neben die Ingenieursgattin, Gymnasiallehrer neben Sprachwissenschaftler und gewöhnlichen Lohnempfänger. Die Saisonarbeiter erhalten für maximal fünfzig Tage eine Arbeits- und Aufenthaltsgenehmigung, das reiche aber aus, um die Ernte einzufahren. Jeder hat während der Saison seinen angestammten Platz auf der Pritsche, getauscht wird nicht, und der Gurkenbauer erklärt uns auch den Grund für die strenge Ordnung auf dem Ernteflieger: »Für uns ist das auch mit einer besseren Kontrolle verbunden, wer wie groß pflückt. Es gibt Leut, die sind langsamer, pflücken daher größere Gurken. Ein halber Tag kann für die Größe der Gurke ausschlaggebend sein. Größere Gurken zu pflücken ist kein Problem, aber schwierig ist es wieder, auf kleinere runterzukommen. Die Pflanze richtet sich auch nach dem Pflückrhythmus.«

Geerntet werde meist im Dreieinhalb-Tage-Rhythmus, wobei das Wetter und natürlich die Größensortierungsvorgaben der Abnehmerfirma eine entscheidende Rolle spielten; »es kommt immer auch auf das Wetter an, die Gurke reagiert auf alles, sie is a Mistviech, und da lernt man nie aus.« Wenn der Vertragspartner kleinere Sortierungen wünsche, sei man gezwungen, in kürzeren Abständen zu fahren.

In der Hauptsaison liefert so ein Gurkenbauer aus dem Gäuboden am Tag sechs bis sieben Tonnen an seine Abnahmestelle.

Die Größe der Gurke bestimmt den Preis. Je kleiner die Gurken sind, um so mehr Geld bekommt der Erzeuger dafür. Der Anteil der Größensortierungen 4/7, 6/9 und 9/12 sollten siebzig bis achtzig Prozent des Ertrages ausmachen, so steht es in einer amtlichen Mitteilung. Gemeint ist mit diesen Zahlenkombinationen das Dicke-Länge-Verhältnis in Zentimetern. Der Absatz der Gürkchen wird für den Erzeuger via Anbauverträge abgesichert. Das wichtigste für die Gurkenbauern sind natürlich die Preise und die werden von Vertretern des Verbands der bayerischen Sauerkonservenindustrie und Vertretern des Landesverbandes bayerischer Feldgemüsebauern ausgehandelt. Auch wenn das Plansoll übererfüllt wird, sprich die vertraglich festgelegte Erntemenge überschritten wird, müssen die Bauern nicht um ihr Geld fürchten. In diesem Fall werden Tageshonorare bezahlt, die je nach Erntejahr über oder unter dem jeweiligen Tagespreis liegen.

Waldlore – Eine Sage aus dem Bayerischen Wald

Emerenz Meier

Dort wo sich die beiden Brüder, der freundliche Bayer- und der finstere Böhmerwald, die granitenen Felsenhände reichen, erhebt sich ein mächtiger Berg. Dichte Wälder ziehen sich hinan bis zu seinem Scheitel, und auf dem Plateau, welches nur mehr von niedrigem Zwergholz bewachsen ist, ragen seltsame Steingebilde empor. Sie haben die Form von riesigen Sesseln, und nach ihnen wird auch der Berg der Dreisessel genannt. An ihn knüpft sich gar manche schöne Sage, und eine derselben weiß sogar von einer Zeit, in welcher diese Steinsessel noch gar nicht vorhanden waren. Wie sie hinaufgekommen, das soll nun erzählt werden.

Da stand im endlosen, dunklen Walde eine einsame Hütte, welche ein armer Köhler mit seinem Kinde, einem zwölfjährigen Mädchen, bewohnte. Lore hieß es und war ein gar wildes Ding. Da die Mutter schon vor langer Zeit gestorben und der Vater stets bei seinen Kohlenmeilern war, hatte es niemanden, der sich um seine Erziehung gekümmert hätte, und es wuchs daher auf wie ein junges Reh. Tagelang streifte es in der Wildnis umher, lief mit dem scheuen Hasen und kletterte mit den beiden Ziegen, welche es zu weiden hatte, um die Wette. Und als ob die Tiere des Waldes Mitleid mit dem verwahrlosten Wesen gehabt hätten, waren sie zutraulich und taten ihm nichts zuleide. Der schwarze Bär, welcher damals noch in den Höhlen hauste, ließ sich von Lore gerne sein zottiges Fell streicheln, selbst der wilde Wolf vergaß seine Gelüste und zog willig den kleinen Holzschlitten, an welchen sie ihn gespannt, um nach Herzenslust umherfahren zu können, wenn der Winter reichen Schnee gebracht hatte.

Eines Tages stand der Köhler vor dem dampfenden Meiler, sah die Flammen zwischen den dunklen Tannenästen, mit welchen er ihn gedeckt hatte, emporzüngeln und sagte zu sich selbst:

»O dass doch diese Kohlen zu Gold würden! Ich würde mir dann an Stelle der alten, elenden Hütte ein großes, schönes Haus bauen, würde mir Pferde und Wagen anschaffen, wie sie die welschen Kaufleute haben, wenn sie hier durchziehen, und würde dann jede Woche einmal in das Land hinausfahren, um mir alles Gute und Schöne heimzuholen. Lorchen müsste statt ihres leinenen Hemdchens und des ledernen Kittels herrliche, purpurseidene Gewänder tragen, ein goldenes Krönlein auf die gelben Locken setzen, und die Väter vom Heiligen Berge im Böheimerlande müssten dann kommen, um sie Lesen und Schreiben und alle schönen Künste zu lehren. Anstatt auf dem feuchten Moos- und Streulager schliefen wir auf weichen, mit Wolle gefüllten Kissen, statt zähem Hasenfleisch und fader Ziegenmilch äßen wir weißes Gerstenbrot in süßen Met getunkt. – O, dass diese Kohlen zu Gold würden!«

So sprach er wohl hundertmal und wühlte dabei seufzend in dem glimmenden Holze herum, die rote Glut zur jäh aufsteigenden Lohe anfachend.

Eben trabte mit lautem Gebrumme ein Bär vorbei und fragte nach Lore, allein der Vater verstand ihn nicht. Die Wölfe hielten ihn an und fragten, wo Lore wäre. Im schwarzen Holz drüben gäbe es schon Schnee, sie könnte daher Schlitten fahren.

»Mein Lorchen fährt auf einem güldenen Wagen, mit vier blanken Schimmeln bespannt!«, rief er und scheuchte die heulende Horde davon. Eichhörnchen sprangen lustig in den Fichtenkronen oben und flüsterten: »Nüsse, Nüsse, reife süße! – Wo ist Lore?«

»Sie wird Weißbrot bekommen und Honig aus Welschland!«, sagte der Köhler. »Behaltet eure Nüsse!«

»Lore, Lore!«, krächzten die Raben; doch heute war sie nirgends zu sehen. – Freilich, wie konnte es auch anders sein, wenn sie hoch oben im dunkelsten Walde umhertollte, wie noch einmal die wilde Lore. Die Ziegen hatten sich längst verlaufen, sie kümmerte sich nicht mehr um dieselben. – Auf einem kleinen Mooshügel hatte sie eine wunderherrliche Schlange gesehen. Ein glitzerndes Krönlein trug dieselbe auf dem Kopfe, der geschmeidige Leib war mit Gold- und Silberschuppen besetzt, und der Schwanz funkelte von vielfarbigen edlen Steinen. Sie wollte das Tier haschen, doch gewandt ringelte es sich von Fels zu Fels; Lore jagte hinterher. Endlich hatte sie es erfasst, schon krümmte es sich unter ihren kleinen, kräftigen Händen, da fühlte sie plötzlich einen stechenden Schmerz am Arme und aufschreiend ließ sie los. Die Schlange verschwand wie ein Blitzstrahl in der Erde, das Mädchen aber begann zornig zu weinen, weil ihm die herrliche Beute entgangen war. Da hörte es eine feine Stimme sagen: »Lore, Lore! Du weinst und grämst dich um schnödes Gold. Lass fahren, lass fahren, es bringt kein Glück!«

Als die Weinende aufsah, stand ein Zwerglein vor ihr, kaum drei Spannen hoch, mit einem grauen Bart. »Ja, lass fahren«, wiederholte es, »es bringt nur Unglück und Jammer. Sieh, die Schlange hat dich schon gebissen, lass dir das zur Warnung dienen. Komm, weine nicht mehr, will dir viel Schönes erzählen und dich Nützliches lehren.«

Willig gehorchte Lore, setzte sich neben dem Kleinen nieder und lauschte andächtig auf das, was er ihr erzählte. Von fremden Ländern sprach er, von Gott und Menschen, von Glück und Unglück, von Glanz und Elend. Dann von den Geheimnissen, welche im dunklen Schoße der Erde ruhen, von guten, freundlich gesinnten und bösen gewalttätigen Mächten. Immer wieder aber wiederholte er:

»Strebe niemals nach Gold, denn darauf ruht ein Fluch. Lasse dich nie eitel machen, denn Eitelkeit weckt die Gier nach dem tückischen Metall.«

Sie versprach alles, und der Zwerg, wohl zufrieden mit ihr, nahm endlich Abschied, nachdem er ihr noch die Erlaubnis gegeben, dass sie ihn öfters hier besuchen dürfe.

Von diesem Tage an war die Waldlore wie umgewandelt. Sie wurde sanft und still, und die Ermahnungen, welche ihr der neue Freund zu gelegenen Zeiten gab, fielen stets auf fruchtbaren Boden. Er lehrte sie endlich allerhand kleine Arbeiten verrichten, zeigte ihr, wie sie auf mannigfache Art die arme Köhlerhütte verschönern und wie sie dem Vater das Heim traulicher machen konnte. Auch in der Arzneikräuterkunde unterrichtete er sie, sodass sie bald heilende Tränklein zu bereiten verstand, wenn der Alte Fieber hatte oder wenn eine der Ziegen erkrankte. – Die Waldtiere bekamen nun ihren Liebling draußen selten mehr zu sehen; doch oft scharten sie sich um die Hütte, wo Lore vor der Türe saß und mit einer silbernen Nadel nähte, welche ihr der Zwerg nebst weißem Leinen und starkem Zwirn gebracht hatte. Dann streichelte sie alle der Reihe nach, spendierte diesem und jenem sogar einen Leckerbissen und mahnte sie endlich, sich wieder artig zu entfernen. – Der Köhler hatte zu wenig acht auf sein Kind, als dass er die Veränderung, welche mit demselben vorgegangen war, bemerkt hätte. Er aß des Abends die delikaten Schwammerl, die Lore mit Ziegenfett und Wildenteneiern gekocht hatte, und trank dann den süßen Birkenwein aus Zwergleins

Keller. Er zog sonntags die schönen, neuen Leinenhemden an, die sie ihm fertig genäht, aber er fragte nicht, woher sie alle diese Kostbarkeiten habe, sondern ging wieder hinaus zu seinen Meilern und seufzte:

»O dass doch diese Kohlen zu Gold würden!«

Und der böse Geist, der in der Wildnis hauste, hörte seinen Ruf.

Er kam eines Tages urplötzlich dahergeflogen, setzte sich neben dem erstaunten Köhler auf einen gestürzten Baum und sagte:

»Verschreibe mir deine Seele, und ich will alle diese Kohlenhaufen in pures funkelndes Gold verwandeln!« Dabei zog er eine Feder aus seinem dunklen Mantel, ritzte mit der Spitze derselben dem erschrockenen Mann den linken Arm blutig und forderte ihn alsdann auf, seinen Namen auf das schwarze Täfelein, welches er ihm vorhielt, zu setzen. Anfangs zwar zauderte dieser, doch der Geldteufel hatte ihn schon zu sehr in seiner Gewalt und – da prangte schon sein Name in blutigen Zügen auf der schwarzen Tafel. Es waren freilich keine wirklichen Buchstaben; denn der Köhler kannte diese nicht einmal, aber der Geist sagte, dass drei Zeichen genügten: Das Kreuz bedeute den Mann, der Hügel und die dreizackige Gabel sein Handwerk.

In Wirklichkeit war aber die Bedeutung der Figuren eine ganz andere: Das Kreuz und somit die ewige Seligkeit lasse er links liegen, der Goldhaufen sei der Mittelpunkt seiner irdischen Glückseligkeit, und Satan mit der dreizackigen Höllengabel warte seiner am Ende.

Der Böse flog mit Hohngelächter zurück in seine Wildnis, und der Köhler stürzte sich auf die Kohlen hin, wühlte sie durcheinander und fand, dass sie sämtlich in lauteres Gold verwandelt waren.

Ein Winter und ein Sommer waren vergangen, und in

der Einöde sah es jetzt ganz anders aus als vor einem Jahre. Die Hütte war größer gebaut, durch vier große Fenster strahlte die Herbstsonne in das Innere und beleuchtete eine Stube mit glattem Lehmboden, den schöne Bärenfelle bedeckten. Ein goldener Tisch stand da und goldene Bänke; ja Gold war überall, an den Wänden, an der Decke und an der Türe zu sehen.

Stolz wie ein König und finster wie ein Schatten saß der Köhler auf einem Stuhl, aß Weißbrot und trank goldklaren, süßen Met dazu. Aber es wollte ihm nicht schmecken, denn er war sehr zornig über die Lore. Diese kauerte in einem dunklen Winkel, trug schöne seidene Kleider und eine schwere goldene Krone auf dem Kopfe. Doch die Gewänder beschwerten ihre Glieder, und die Krone drückte sie zu Boden.

»Ich muss sterben, Vater«, jammerte sie immerfort, »wenn du das viele Gold nicht wegbringst! Es bringt Unglück und Verderben!«

Und dann weinte sie laut und lange, bis der Alte endlich aufsprang und fragte, was er denn eigentlich tun solle.

»Geh zu den Batern auf den Heiligen Berg in Böheim, sie sind weise und werden dir und mir helfen«, riet die Lore und faltete bittend die Hände.

Der Vater dachte mit geheimem Grauen, was wohl sein böser Schatten dazu sagen würde, aber er liebte Lore und spannte daher eilig seine blanken Schimmel an den silbernen Wagen, um ins Böheimerland zu fahren. Er rief nicht »hü« und nicht »hott«, schwang die Peitsche nicht und fuhr ganz sachte dahin, damit ihn der Böse nicht hören sollte. Aber kaum war er um den halben Berg herum, als die Pferde zu wiehern begannen, so laut und schrecklich, dass dem Fuhrmann ganz bange wurde. Und hui, – kam der Geist dahergeflogen, fiel den Pferden in die Zügel und riss den Köhler vom Wagen.

»Undankbarer!«, donnerte er. »Du hast mich überlisten wollen? – Hei, was hindert mich, dich über diese Steine hier in den Abgrund zu schleudern? Bist fett genug für ein Höllenbrätlein, drum mach dich gefasst!«

Er packte mit grimmiger Faust den zitternden Mann beim Schopfe und wollte ihn augenblicklich um die Welt schlagen, da erhob der Arme ein jämmerliches Geschrei: »Gott hilf, Gott hilf! Allmächtiger, steh mir bei!«

Das klang dem Satan gar widerlich in den Ohren, und unsanft ließ er sein Opfer fallen.

»Du bist dennoch mein!«, hohnlachte er und zog jenes schwarze Täfelein heraus, worauf die blutigen Zeichen standen. – Der Köhler erstarrte. Er meinte, nun sei er ohne Rettung verloren, doch da war es, als flüstere ihm jemand zu:

»Bleibe fest, du bist nicht verloren! Geh nach Böheim, dort wird dir geholfen!«

Weil er nun fürchtete, dass ihm der Schwarze leicht eine Rippe brechen oder sonst etwas zu leide tun könnte, das ihn dann am Weiterziehen verhindern würde, stellte er sich zerknirscht und tat, als ob er es schon wieder bereue, anderen Sinnes geworden zu sein. »Zeit gewonnen, alles gewonnen!« Diesen Gedanken rasch erfassend, sagte er nach einer Weile:

»Höre Freund, du hast mich arg geschüttelt, und nicht viel hätte gefehlt, so wären mir Magen und Leber aus dem Leibe gefallen. Ich weiß wohl, dass ich meinem dir gegebenen Versprechen, nichts mehr von Gott und Kirche wissen zu wollen, untreu geworden bin, aber wenn es zu keinem vollständigen Bruch zwischen uns kommen soll, so musst du mir eine Bedingung erfüllen, die ich jetzo an dich stellen werde.«

Der Schwarze lachte höhnisch.

»Ei, ei, eine Bedingung, Herr Köhler? – Doch auch gut, stelle sie. Sieh aber zu, dass du nicht trotz deiner Schlauheit den kürzeren ziehest! Mit dem Teufel ist nicht gut wetten!«

Das sah nun der arme Köhler freilich sehr wohl ein, und verzweifelnd ließ er seine Blicke durch die öde Wildnis schweifen. Nirgends aber entdeckte er was, daran er die Bedingung knüpfen konnte.

Satan wurde schon so ungeduldig, dass er die Steine unter seinen eisenbeschuhten Füßen zu Brei zerstampfte, und sein grimmiges Drängen verwirrte den Armen noch mehr. Da war es diesem plötzlich, als ob eine weiche, kühle Hand die seinige berührte, und die Stimme, die ihm vorhin schon Mut eingesprochen hatte, vernahm sein Ohr jetzt abermals. Was sie ihm da zuflüsterte, musste wohl den Beifall des Köhlers gefunden haben, denn wie mit einem Schlage klärte sich sein Gesicht auf, und hoch aufatmend sagte er:

»Wenn du mir heute Nacht aus diesen Steinen da, um welche du mich bald geschlagen hättest, drei riesengroße Sessel auf den Gipfel des Berges baust, dann will ich mein Spiel verloren geben und mich weiter nicht mehr sträuben. Doch ehe der Hahn zum ersten Male kräht, müssen sie fertig dastehen und turmhoch in die Lüfte ragen.«

Der böse Geist machte nun allerlei Vorstellungen und Einwendungen, allein der Köhler beharrte bei dieser Bedingung und kehrte voll von Hoffnungen nach Hause.

Als nun die Nacht hereinbrach, begann ein furchtbares Lärmen in den Wäldern. Man hörte Hammerschläge, Wagengerassel, Peitschenknallen – dazwischen das Dröhnen der Steine, das Wiehern der Pferde und das Johlen der Fuhrleute; kurz, es war, als ob die ganze Hölle los wäre. Zitternd standen der Köhler und Lore vor der Hütte und weinten und beteten. Das Zwerglein saß oben auf dem Dache und sprach ihnen Mut ein. – Der Mond beleuchtete das grausige Schauspiel auf der Höhe.

Schon ragten zwei der Sessel stolz in die Luft, schon stand auch der dritte zur Hälfte fertig da, und jetzt – Kikeriki! – krähte der Hahn, – da trat tiefe Stille ein. – Der Köhler hatte Gnade gefunden bei Gott und gewonnen.

Ob auch Satan mit allen Schrecken auf ihn eindrang, ob er ihm die Hütte in die Luft entführte und die Pferde an den Felsen schmetterte, dass ihre Knochen umherflogen und splitterten, er blieb fest, nahm Lore an der Hand und pilgerte mit ihr nach Böheim. Dort bekehrte er sich und führte bis zu seinem Tode ein bußfertiges, frommes Leben.

Nachdem er aber gestorben war, überkam Lore die Sehnsucht nach der zwar an Schrecknissen reichen, doch immerhin lieben Heimat und auch um ihr liebes, treues Zwerglein. Sie zog also wieder dem Dreisessel zu, baute sich dort eine neue Hütte und lebte froh und vergnügt mit ihrem alten Freunde, dem sich noch andere Genossen aus den Waldesklüften angeschlossen hatten.

Die welschen Kaufleute, welche mit ihren Handelsprodukten den Weg manchmal durch ihre Gegend suchten, kannten das freundliche, weise Weiblein gar wohl, und mancher, der auf der Reise erkrankt war, verdankte ihr und ihrem Heiltränklein das Leben. Und Jahrhunderte später noch wollte man die Waldlore gesehen haben, wenn sie, Kräuter suchend, durch die Wälder streifte.

Jetzt freilich ist sie längst vergessen. Vor dem Nahen moderner Kultur, vor dem raschen Schritt munterer Touristen ist sie ins Grab geflohen, und auch das Zwergvolk, welches einst die erhabene Wildnis belebte, hat sich in die tiefsten Felsklüfte geflüchtet, aus denen es sich wohl nimmer hervorwagen wird.

Aber die drei Sessel stehen noch stolz und trotzig oben, und wer sie besteigt, der weiß es dem Teufel Dank, dass er sie erbaut. Denn von ihrer luftigen Höhe sieht man weit in die drei schönen Lande: Bayern, Österreich und Böhmen, und mehr als sonst irgendwo muss man hier die Pracht der Erde und die Allmacht dessen, der sie erschaffen hat, bewundern.

Begegnung mit Ludwig II.

Karl May

Der Wurzelsepp blickte umher und erschrak tief. Während seines Wechselgesanges mit der Sennerin Leni war ein Mann hinter der Felsenecke hervorgetreten und hatte mit Erstaunen zugehört. Er trug die Tracht des Gebirges, Bergschuhe, Halbstrümpfe, Joppe, Weste, breiten Gürtel, einen kleinen Hut mit Edelweiß und Spielhahnfeder, einen Rucksack auf dem Rücken und ein Gewehr von der Achsel herab. In der mit kostbaren Ringen geschmückten Hand hielt er den Bergstock, welcher oben mit einem Gemskrikel versehen war. Auch die schwere, goldene Uhrkette ließ vermuten, dass dieser Herr sich in besseren Umständen befinde als der Wurzelsepp.

Er war von sehr hoher, kräftiger, imposanter Figur. Sein Gesicht hatte einen edlen, vornehmen, durchgeistigten Ausdruck. Die Züge waren bedeutend. Das Auge zeigte bei aller Schärfe etwas Weiches, Unbestimmbares, fast möchte man sagen, Mystisches. Der Eindruck der ganzen Persönlichkeit und des von einem wohlgepflegten Barte gezierten Gesichtes war ein Ehrerbietung erweckender.

Als Sepp ihn erblickte, reckte er sich staunend empor und rief: »Millionenschockteuf … – ah, oh! Da hätt ich fast beinahe geflucht! Ist's denn möglich?«

»Was?«, fragte der Fremde.

»Dass du der Ludwig – nein, dass Sie der Ludwig bist! O nein, dass du – dass Sie – Herrgottsakra! Jetzt geht mir halt gar noch der Verstand in die Luft, grad wie die Wurzeln!«

»Welchen Ludwig meinst du denn?«

»Na, den Zweiten!«

»Ich verstehe Dich noch nicht.«

»Das glaube ich. Ich bin ja vor Freude, nein, vor Verlegenheit – nein, auch nicht, Jesses, Jesses – vor lauter Dummheit so außer Rand und Band geraten, dass ich mich halt selbst schon gar nicht mehr kenne. Aber warten Sie! Jetzt werde ich es wohl richtig fertig bringen!« Er schlug die Fersen militärisch zusammen, richtete sich stramm empor, präsentierte den Bergstock wie ein Gewehr und meldete: »Sie sind Königliche Majestät Ludwig der Zweite von Bayern, mein allergnädigster Gebieter und Herr! Ich aber bin halt nur der Wurzelsepp! Na, ist's nun so richtig?«

»Ja, mein Guter«, lächelte der König. »Woher kennst du mich?«

»Ich habe Sie drin in München gesehen und sodann auch in Hohenschwangau, auf Linderhof, Schloss Berg und auch am Chiemsee.«

»So weit kommst du herum!«

»Alleweile ja, und auch noch viel weiter. Um meinen lieben König zu sehen, würde ich auch nach Lappland rennen und zu den Negern. Freilich, man muss sich schon eine Mühe geben, um dieses hohe Glück zu haben; aber ich meine halt, ein König braucht sich auch nicht von einem Jeden gleich so angaffen zu lassen.«

»Da hast du Recht. Wer ist denn eigentlich die Sängerin, welche da so schön sang: ›Doch der König wird mein Mann nicht, doch dem Sepp, dem bin ich gut!‹ Sie heiratet also dich lieber als mich.«

»Jess', Maria, Jossepp! Ich glaube gar! Ich meine vielmehr, dass sie Euer Majestät tausendmal lieber nehmen würde als mich, ihren Paten. Es ist die Leni, die Muhrenleni, Königliche Hoheit, ein Mädchen wie eine Bachstelze, so sauber und wie Gold so rein und so treu.«

»So bin ich also auf dem richtigen Wege. Ich will zu ihr.«

»Was! Wie! Wo! Majestät wollen zur Leni? Hurra! Da muss ich sogleich vorauf springen und es ihr sagen, damit sie schnell einen Schmarren oder einen Gugelhopf oder eine tüchtige Dampfnudel backen mag!«

Er wollte fort.

»Halt! Front!«, kommandierte der König, und der Sepp gehorchte. »Sie darf nicht wissen, wer ich bin. Ich habe gehört, dass da oben herum ein Bär sein Wesen treibt; den will ich haben, und damit ich morgen früh gleich wohlauf bin, will ich bereits heut zur Halbscheidt emporsteigen und in der Sennhütte bleiben. Man hat mir gesagt, dass es bei dieser Sennerin sauber sei?«

»Wie in einem Schatzkästerl, Majestät. Die Leni ist ja selbst ein schmuckes, bildsauberes Leutle. Na, Majestät werden das ja bald selbst gleich weghaben. Aber den Bären gibt es da oben nicht. Der hält sich jenseits der Alpe auf, wo er erst vorgestern wieder in einen Stall gebrochen ist.«

»Ich weiß es und will dort hinüber. Ich verbiete dir, irgendwo davon zu erzählen, dass du mich getroffen hast. Aber zum Oberförster magst du gehen und ihm sagen, dass ich bei der Leni bin, wo er sich morgen mit dem Frühesten einzufinden hat. Hier hast du etwas!«

Er zog die Börse und reichte dem Sepp ein Goldstück entgegen. Der Alte fuhr zurück, als ob er eine giftige Otter angreifen solle.

»Heiliger Johannes! Nein, Majestät. Soll ich mir einen Weg bezahlen lassen, den ich für meinen guten König und Herrn tun soll? Nein und tausendmal nein! Eher lasse ich mir die Finger abhacken. Welch eine Freude, für unsern Herrscher laufen zu können! Herrgottsakra, ich würde für ihn zum Mond empor klettern, wenn ein Strick von da oben herunterhing! Und für die paar Schritte soll ich mich bezahlen lassen! O, da kennen Majestät den Wurzelsepp doch noch nicht richtig!«

»Es soll ja keine Bezahlung sein. Mein Bild ist darauf; das schenke ich dir zum Andenken.«

»Ach, ist es so! Nun, da mag es geschehen. Also her damit, Herr König! Das soll mir ein Andenken sein, bis sie mich ins Grab legen!«

Während er die Doppelkrone einsteckte, fragte der König: »Ist die Leni arm?«

»Wie eine Kirchenmaus, Majestät. Sie ist ein Waisenmädel und hat weder Kind noch Keg … – Donnerstag, da hätte ich fast eine Dummheit gesagt! Woher soll denn bei so einem braven Dirndl das Kind kommen, und nun erst gar der Kegel! Nein, sie hat keinen Anverwandten.«

»Und sie singt gern?«

»Den ganzen, geschlagenen Tag, besonders aber in der Früh und abends, grad wie eine Amsel. Es ist, als ob sie mit Mehlwürmern und Ameiseneiern gefüttert würde. Lassen Sie sich halt etwas vorsingen; aber richten Sie ja ein Kompliment von mir aus, und sie soll Sie gut aufnehmen. Sie hat nicht gern mit den Stadtherren zu tun, die alle nix taugen. Meine Empfehlung aber gilt sehr viel bei ihr, denn ich bin der Pate.«

»Schön! Erst aber wollen wir deine Wurzeln wieder auflesen.«

Er bückte sich. Da rief der Alte: »Nein, nein! Kreuzschockschwerebrett! Jetzt werde ich mir auch noch von meinem König die Wurzeln aufklauben lassen! Das kann ich schon selbst tun.«

Aber seine Einrede wurde nicht beachtet. Der König hatte an dem Alten Wohlgefallen gefunden und weidete sich an der glückstrahlenden Verlegenheit desselben. Dann schieden sie, wobei Sepp eine so tiefe Verbeugung machte, dass ihm der Rucksack vom Rücken über den Kopf herabfiel.

Der Monarch hatte nicht weit zu steigen. Leni stand, als er oben ankam, an der andern Seite des Hauses; er sah sie also nicht und stieß nach der dortigen Sitte einen Juchzer aus. Sofort kam sie um die Ecke geeilt.

»Grüß Gott, Muhrenleni!«

»Grüß Gott auch! Ja, kennst mich denn?«, fragte sie, ihn betrachtend.

»Ja; ich hab von dir gehört. Gefall ich dir?«

»So halb und halb! Wannst nicht ein Stadtherr wärst, so könntst mir halt besser gefallen.«

»Ich will diese Nacht bei dir bleiben.«

»Da in der Hütten drin?«

»Ja.«

»Jesses! Da kommst falsch an. Geh weiter!«

»Ich kann nicht weiter.«

»Wer bist denn?«

»Ich hab mein Amt und Geschäft drin in München und heiße Ludwig. Der Wurzelsepp, dein Pate, kennt mich sehr gut und lässt dir sagen, dass du mich gut aufnehmen sollst.«

Sie blickte ungläubig zu ihm auf.

»Obs auch wahr ist!«

»Es ist wahr. Ich habe da unten an der Felsenecke mit ihm gesprochen. Sehe ich denn wie ein Lügner aus?«

»Na, sauber und akkurat bist schon, und ein guts Gesicht hast auch, so ein braves und vornehmes. Ich werde dich also behalten. Setz dich einstweilen daher auf die Bank, bis ich wiederkomme. Ich muss die Rinder und Ziegen in den Stall heimsen.«

»Bleiben die heut nicht im Freien?«

»Sie könnten wohl; aber da jenseits gibt es einen Bären, eine große Rarität und Seltenheit, der sich von drüben herüber verlaufen hat. Wenn der dahergekraxelt käme und mir eine Kuh erwürgte, so könnte ich in meinem ganzen Leben schon gar keine Freud nicht mehr haben.«

Sie ging. Er setzte sich und blickte ihr wohlgefällig nach. Als sie dann die Tiere getrieben brachte, beobachtete er ihre Bewegungen, nickte befriedigt vor sich hin und sagte im Stillen:

»Große Stimme, schöne Gestalt, gewandte Bewegungen, Umsicht und Gewissenhaftigkeit! Sie soll mir in die Schule. Das gibt eine Sängerin, einen Stern am Kunsthimmel. Ich glaube, ich habe da eine Brunhild, eine Walküre, eine Isolde gefunden.«

Als sie dann die Herde getränkt und in den Stall geschlossen hatte, meinte sie:

»Ein Bett werde ich dir im Heu machen, ein schönes, weiches. Jetzt nun wirst aber auch Hunger haben?«

»Ja. Hier im Rucksack befindet sich allerlei. Mach, was du daraus bringst. Du sollst mit mir essen und mir dann von dir erzählen.«

Sie gewann Vertrauen zu ihm und gab sich ganz so, wie sie war. Sie aßen zusammen, grad als das Ave-Maria-Glöckchen aus dem Tale emporschallte. Da er nicht so schnell das Messer weglegte wie sie, sagte sie:

»Mach, dass du dein Ave hersagst! So ist das hier oben bei mir Mode!«

Dann saßen sie vor der Sennhütte auf der Bank. Leni hatte ganz zutraulich neben ihm Platz genommen. Sie erzählte von ihrem Leben; es war still, einfach und ärmlich verflossen; aber das kleinste Ereignis gab ihr Gelegenheit, ganz unbewusst ein reiches, tiefes, gemütvolles Seelenleben zu entwickeln und eine Urteilsschärfe zu entfalten, über welche sich der König höchlichst wunderte.

»Hast auch einen Schatz?«, fragte er.

»Nein. Ich kenn einen, dem bin ich halt seelensgut; aber er weiß nix davon und ist ein Wilderer. Da mag ich ihn nicht. So bleib ich also ledig, so lange ich lebe. Glaubsts wohl nicht? Das Herz hat nur eine Lieb, und tut man die begraben, so steht sie nimmer wieder auf.«

Das klang so selbstbewusst und so rührend, dass er ihre Hand ergriff und teilnehmend sagte:

»Du bist ein braves Mädchen. Schau, die Alpen glühen.«

Die Firnen leuchteten goldig- und dann purpurrot, bis sie dunkelten. Dann ging der Mond auf; er war voll und goss sein magisches Licht über die träumende Alpenwelt.

»Jetzt solltest du ein Lied singen!«, bat der König.

»Ich bin nicht lustig dazu. Wannst mich ansingst, so will ich schon antworten. Oder kannsts nicht?«

»Es wird schwer gehen«, lächelte er.

»Hast etwa keinen guten Schulmeister gehabt im Singen? Das ist schade!«

»Na, er war schon klug, aber ich hatte kein Geschick.«

»Versuchs halt nur einmal!«

Es überkam ihn eine eigentümliche Stimmung. Er stand auf, trat einige Schritte vor und sang:

»Gen Berg bin ich gelaufen,
Gens Thal bin ich gerennt,
Da hat mich mein Schatzerl
Am Juchzen erkennt.«

»Schau, es klingt halt gar nicht so übel. Horch!
Ein Pferderl, hott hott
Und ein Schlitten, tschin, tschin
Und ein Büberl, ein Dirndel
Die sitzen darin.«

Jetzt hatte sie einmal angefangen und sang nun fort. Er hörte ihre herrliche Stimme, aber er folgte dem Texte wohl kaum. Sie sang Lustiges und Trauriges. Er hörte zu, bis sie müd wurde und endlich sagte:

»Jetzt ists genug. Geh in sein Bett; ich werde dir leuchten.«

Er war es zufrieden. Er fühlte sich als Mensch, nicht als Majestät, ganz unter dem Banne ihrer Stimme und ihrer reinen, taufrischen Mädchenhaftigkeit. Sie hatte ihm auf dem Heu mit reinem Linnen, welches eigentlich für sie selbst bestimmt war, ein sauberes Lager bereitet, sagte ihm gute Nacht und kehrte dann in den vorderen Raum zurück.

Die Wallfahrt

Lena Christ

Wallfahrt Birkenstein.

Der schmale Wiesenpfad führte wieder in einen Wald, und ich eilte, ohne zu rasten, dahin, bis ich auf eine breite Straße kam, an der ein Wegweiser nach Eilbach und Durham zeigte. Indem ich nun bald auf den Weg, bald auf die Tafel blickte, donnerte ein Schuss durch die Berge und gleich darauf noch mehrere. Ich dachte, dass es gewiss Böller sein möchten, und hörte aufmerksam auf die Richtung, woher sie kamen. Da drang plötzlich, erst verworren, dann immer deutlicher, lautes Beten an mein Ohr. Ich blickte mich um, da sah ich eine große Schar Männer und Frauen die Straße heraufkommen, Fahnen und Kreuze tragend und den glorreichen Rosenkranz betend. Voran gingen zwei Priester im Chorhemd; etliche Ministranten mit roten, goldverzierten Schulterkrägen folgten ihnen und trugen kranzgeschmückte Statuetten der Heiligen auf langen Stangen, und dahinter reihten sich die Beter. Sie schritten alle gebeugt, und der Schweiß stand vielen auf dem Gesicht, doch hielten sie eine schöne Ordnung; und es gingen auf der rechten Straßenseite die Frauen und auf der linken die Männer hintereinander, also dass die ganze Straßenbreite leer zwischen ihnen blieb. Ein Mann im Chorrock lief mit einem langen, silbernen Stab beständig den Zug entlang und schrie mit großem Nachdruck immer die ersten Worte eines jeden Ave Maria hinter sich, worauf die Beter alle zu gleicher Zeit einfielen; und es war die Ordnung also, dass die Männer den Gruß vorbeteten, die Frauen aber mit der Bitte nachkamen.

Ich zog mein Hütlein, ließ sie an mir vorüber und folgte ihnen, überzeugt, dass es Wallfahrer seien, die gleich mir die Mutter vom Birkenstein heimsuchten.

So war es auch; und wir zogen unter dem Geläute der Glocken durch die Orte, und es kam mir vor, als trabte eine große Schafherde vor mir her, der ich als ein junges Hündlein oder wie ein krummgehendes Lamm folgte. Doch zog ich auch meinen Rosenkranz aus dem Sack und schrie mit vieler Kraft mein »Gegrüßt seist du, Maria« hinter den Betern, so dass sich endlich die letzten umsahen und mir ganz freundlich und ermunternd zunickten.

Immer noch krachten die Böller; und ich dachte, dass es nun nicht mehr weit sein könne bis zu dem Ort, wo sie abgefeuert wurden; denn sie donnerten hart, und ihr Schall brach sich unmittelbar an allen Wänden.

Langsam bewegte sich der Zug bergan, vorüber an kranzgeschmückten Häusern, und von allen Seiten strömten Pilger herbei und schlossen sich ihm an. Und während ich, neugierig einen vollbesetzten Wirtsgarten betrachtend, gedankenlos noch meine Ave Maria schrie, verschwanden droben allmählich die Fahnen und Statuetten hinter den Birken eines von Menschen dichtumlagerten Felsens, von dem das Geläute silberner Glocken tönte, der Glocken der Kapelle unserer lieben Frau vom Birkenstein.

Allmählich zerteilte und löste sich der Zug in Gruppen, und ich schob mich behende durch die Versammlung vor dem Kirchlein, denn ich wollte meine Aufgabe vollbracht haben. Darum stieg ich sogleich die schmale Holztreppe hinauf, die zu einem Wandelgang führte; der zog sich rings um das

Kirchlein und war an Decke und Wänden mit Votivtafeln und Gemälden dicht behangen. Ein niederes Tor stand weit geöffnet, und der Duft von Weihrauch und Kerzen drang heraus. Ich zwängte mich durch einen dichten Knäuel von Bäuerinnen und schlüpfte ungeachtet ihrer erzürnten Mienen und Reden hinein in die Kirche.

Eine tiefe Stille war hier trotz der großen Zahl der Betenden, und man hörte nichts als das Fallen der Rosenkranzperlen und das Knistern seidener Schürzen und Kopftücher. Nur manchmal begann irgendein Weiblein zu seufzen oder zu hüsteln, oder es entstand ein kleines Geräusch durch eine abrinnende Opferkerze. Ich empfand diese Stille und die Schwüle in dem winzigen, vollgepfropften Raum ganz beängstigend und suchte, da mir zudem auch jeder Blick auf den Altar durch die Erwachsenen unmöglich war, in die Nähe desselben zu gelangen. Ich schob mich daher bald hier, bald dort an einer seidenen Schürze vorbei, trat wohl auch manchmal einem oder dem andern auf die Zehen, bat diesen oder jenen Bauern, mich durchzulassen, und brachte es am Ende zustande, dass ich mich an der Stufe des Hochaltars befand.

Heißa! Riss ich da die Augen auf! In einem magischen roten Licht, umgeben von goldgeflügelten Cherubinen und kleinen Engeln, die auf rosenrot leuchtenden Wolken schwebten, stand die Mutter mit dem Kind. Beide trugen goldene, steingeschmückte Kronen und reichverzierte Prunkmäntel; insonderheit der schwere, weit ausgebreitete Purpurmantel unserer lieben Frau erregte in mir Staunen und Verwunderung. Das Bild schien mir zu schweben, und bei dem unsteten Schein der vielen Kerzen glaubte ich fast, es lebe; denn es stand frei, hoch über dem Altar, und hielt ein Zepter mit so lieblicher Gebärde, wie nur ein lebendes Wesen dies tun kann. Und ich dachte, wie es doch möglich gewesen wäre, ein solch köstliches Werk zu schaffen und aus dem ungefügen Holz zu schneiden; denn der Weidhofer hatte mir erzählt, dass es holzgeschnitzt und bemalt sei. Und mit einem Male trat ein Wunsch auf meine Lippen, an den ich noch nie zuvor gedacht: Ich möchte ein solcher Meister werden, wie der dieses Bildes einer gewesen. Inbrünstig sagte ich ihn drei, vier Mal vor mich hin, und das letzte Mal muss ich es wohl laut getan haben;, denn eine Stimme hinter mir flüsterte erzürnt: »Bist net glei stad!«

Ich wandte erschreckt den Kopf, und es war mir, als sei ich aus einem Himmel gerissen worden; die ganze Andacht war dahin, und ich dachte an nichts mehr, als wie ich am schnellsten aus den Augen dieser Menschen käme. Da trat eine dicke Bäuerin vor und legte mit vielen Kniebeugen und ehrfürchtigen Gebärden eine dicke Kerze und ein verschnürtes Päcklein auf den Altar. Sogleich folgten noch etliche, und ich erinnerte mich dabei, dass ich nun auch mein Opfer hinlegen müsse.

Also holte ich erst meine Silbergroschen aus dem Sack und legte sie abseits von den andern Gaben auf den Altar; sodann band ich das Tuch auf und wollte schon das Wachs herausnehmen. Aber da fiel mir ein, dass ich auch etwas zu beten hätte, und ich sagte nun, indem ich das Tüchlein geöffnet mit beiden Händen hielt, was mir meine Kostmutter aufgetragen; dann leerte ich es zu meinen Groschen aufs Altartuch und drückte mich hierauf durch die Menge wieder dem Ausgange zu.

In diesem Augenblick krachten wieder die Böller, läuteten die Glocken, und ein Chor sang das *Pange lingua*, begleitet von Posaunen und Geigen. Auf dem freien Platz hinter der Kapelle war ein Altar und eine Kanzel errichtet worden, und eben gab der Pfarrer den Segen mit dem Allerheiligsten.

Nun strömte alles herbei; die Kapelle und der Wandelgang leerten sich, und die Menge lagerte sich auf Felsblöcken oder im Grase und hörte auf die Worte des Evangeliums. Da dachte ich bei mir, dass es nun wohl besser sein möchte, wenn ich wieder in die Kapelle ginge; denn ich verstand damals noch nicht gar viel von Predigten und musste nicht selten dabei dem Schlaf wehren. Also trat ich abermals ins Kirchlein und setzte mich betrachtend und staunend in die vorderste Bank ganz nahe der Mauer, die mit Gemälden und Bildern überreich geschmückt war. Und wieder überkam mich dieses seltsame Gefühl, und ich betete und wünschte, dass ich immer in einem solch heiligen Haus weilen könne. Dabei schaute ich starr auf das Bild der Mutter, deren liebliches Gesicht durch das flackernde Licht bald zu lächeln, bald zu trauern schien; und ich merkte nicht, wie eine verborgene Tür sich drehte und ein Arm sich herausstreckte. Da klirren meine Silbergroschen am Altar; ich blicke hin und sehe, wie eine rote Hand sie zusammenrafft und mit ihnen verschwindet. Gleich darauf erscheint sie wieder und packt auch das übrige; ich stoße einen Schrei aus und stürze aus der Kirche und davon, fest überzeugt, dass der Teufel leibhaftig der Mutter Gottes ihre Gaben geraubt. Mein Entsetzen war so groß, dass ich ohne Besinnen die Holzstiege hinab lief, mitten durch die andächtig der Predigt lauschende Menge, und weder sah noch hörte, als etliche mich anschrien und versuchten, mich aufzuhalten. Durch ein felsiges Tal sprang ich dahin und hielt nicht inne, bis ich, schweißbedeckt auf einer einsamen, sumpfigen Wiese angelangt, bei jedem Tritt tief in dem nassen Moor versank. Das bestärkte mich noch in dem festen Glauben, dass hier der Böse umgehe und besonders mir Verderben bringen wolle; und ich begann, mich zu bekreuzen und unsere liebe Frau anzurufen. Der Frost schüttelte mich, und es peinigte mich ein großer Durst, während ich langsam einen Fuß um den andern durch den Morast zog.

Nach geraumer Weile wurde der Boden wieder fester, und ich kam endlich auf einen breiten, vielbetretenen Wiesenweg, dem ich, in trübe und abenteuerliche Gedanken versunken, nachging. Alle Geschichten aus der Heiligenlegende fielen mir ein, in denen der Teufel sein unheimliches Handwerk getrieben, die gottseligsten Personen geschüttelt, in die Höhe geworfen, geschlagen und zertreten hatte, wie er den Bauern das Vieh im Stall verzaubert, dass es blutige Milch gab, und aus frommen Frauen die ärgsten Hexen und Unhold gemacht hatte, sodass sie von Stund an Mensch und Vieh nur noch übel wollten. Ja, der alte Pfarrer von Sonnenreuth hatte ihn selber leibhaftig gesehen damals, wie ihn der hochwürdige Herr Bischof aus einem krummbeinigen, buckligen Menschen hinausgetrieben hatte; wie eine feurige Katze sei er aus dem Maul des Besessenen herausgefahren, hätte gar jämmerlich geschrien und sei mit einem schrecklichen Fluch verschwunden.

Die Haare hatten sich mir damals gesträubt, und gar, als uns der Herr Pfarrer aus einem Buch vorlas, wie es drunten in der Hölle zuginge, und was für greuliche Arbeit die Teufel und Oberteufel daselbst zu verrichten hätten, da schüttelte es mich wie einen Hollerstrauch im Wind; denn da stand es schwarz auf weiß, wie die armen Verdammten in Öl und Pech gesotten, in glühende Feueröfen geworfen, mit Nattern und Klapperschlangen zusammengesperrt und auch sonst gezwickt und zerschunden werden, ohne dass sie jemals einen Augenblick Ruhe oder Erleichterung in dieser Pein haben. »Und es sind aber sieben Kreise in der ewigen Hölle«, heißt es weiter in diesem Buch, »die gleich sieben unendlichen Ringen den Pfuhl des obersten Teufels Luzifer umschließen. Und ein jeglicher Ring ist bewohnt von einer Legion Unterteufel, über welche ein Oberteufel die Herrschaft führt. Und es sind aber die Ringe also, dass in jedem eine besondere Art von Sünde gestraft und gepeinigt wird. Die Hoffart mit Zwicken und Brennen und in Kot Treten; der Geiz mit Nattern und Schlangen und sonst allerhand schädlich Gewürm; die Unkeuschheit mit großen Hagelsteinen und brennendem Pechregen; der Neid mit Stoßen und Schmeißen in siedendes Öl und Darinniederdrucken mit teuflische Gabeln; die Völlerei mit Hunger und großer Kält, also dass die blutigen Zähren, so der Verdammte weinet, ihm an den Leib gefrieren, und sein Bauch knurret aus übergroßem Verlangen nach Speis; der Zorn mit Geißlen und Verschließen in einen Kessel, allda Pech mit Hanfgarn gesotten und mit teuflischen Besen verzwirnet ist, und kein End nicht hergehet aus aller Wirrnis und Pein; die Trägheit mit großen Steinen, so ihnen von den Teufeln auf den Rücken gebunden, und die sie schleppen müssen durch ihren Höllenring ohne Rasten und Absetzen in alle Ewigkeit.«

Ein Böllerschuss riss mich aus der Betrachtung; vom Birkenstein klang Läuten herüber und mahnte, den menschgewordenen Gott bei der Wandlung anzubeten.

Ich schlug das Kreuz und lief darnach meinen Weg dahin, etliche Bauern grüßend, ein paar Dirnen, die mit ihren feuerroten Unterröcken prangten, auf den Weg nach dem Wallfahrtsort weisend und an nichts denkend, als dass ich wieder bei meinem Vieh und meinen Schätzen sein möchte.

Gegen Abend kam ich wieder an die Weidhoferalm und ging sogleich in die Hütte; da mich aber die Nandl, unsere Schwaigerin, erblickte, ließ sie erschreckt den Melkeimer fallen und schrie: »Mariand Joseph! Der Mathiasl! Ja Bua, wo kimmst denn du her?«

»Vom Birkenstein«, sagte ich und erzählte ihr mein Erlebnis. Da glaubte auch sie nicht anders, als dass hier der Teufel einmal wieder ein böses Werk getrieben habe, und meinte, dass ich mich nun wohl hüten und vorsehen müsse, denn das sei klar, dass er es auf mich abgesehen hätte.

Der Menten-Seppei – Eine altbayerische Wilderergeschichte

Ludwig Thoma

Diese Geschichte ist wahr. Alle Leute, die zwischen Tölz und Miesbach wohnen, kennen sie, und mancher würde es mir verübeln, wenn ich etwas dazutäte oder davon wegließe. Also will ich bei der Wahrheit bleiben.

In der Schießstätte zu Tegernsee hängt neben vielen schön gemalten Ehrenscheiben eine, die besondere Aufmerksamkeit verdient. Ein grimmig blickender Jäger schaut mit dem Gewehre im Anschlage hinter einem Baume hervor. Neben ihm fletscht eine rauborstige Dogge die Zähne. Beide machen einen unangenehmen Eindruck auf den Beschauer; man sieht ihnen an, dass sie schwer umgängliche Wesen waren. Und der Eindruck ist richtig. Denn das Bild stellt vor den königlichen Revierjäger Johann Mayr von Gmund mit seinem Fanghunde, genannt »Donau«.

Johann Mayr lebte um das Jahr 1832 zu Gmund; sein Haus wird heute noch gezeigt. Es steht unterhalb der Mangfallbrücke. Er war ein verwegener und überaus scharfer Jäger, der sein Revier mit aller Gewalt sauber hielt. Manchen schlauen Wildbretschützen hat er überlistet und ihn hinaufgeschossen, dass der Rauch wegging. Und manchem jungen Burschen hat er vorzeitig zur ewigen Seligkeit verholfen. Ohne Ave Maria und Sterbgebet, im grünen Wald.

Sein letztes Opfer war der junge Sohn des Mentenbauern von Hausham, der Menten-Seppei. Dessen trauriges Schicksal trug sich aber folgendermaßen zu. An Martini, den 11. November 1831, schoss der Mesner Anderl, königlicher Jagdgehilfe von Schliersee, beim Eckardt-Kreitl am Ostiner Berge einen kapitalen Hirsch. Dies tat er nicht mit Rechten, denn der Platz lag im Revier des Johann Mayr. Aber, wie es so geht, er wollte den Prachtkerl nicht hinten lassen, als er so schön vor ihm stand. Da zündete er an, und – pumps – der Hirsch lag da. Hinterdrein bedachte sich der Mesner Anderl, und es fiel ihm ein, dass der Mayr in solchen Dingen einen ganz schlechten Tabak rauchte. Also ging er her und versteckte den Hirsch sorgfältig unter Dachsen und Laubstreu. Alsdann begab er sich nach Gmund zum Gastwirt Obermayer, woselbst er einige Halbe Bier trank und vom Fenster aus die gegenüberliegende Wohnung des Revierjägers beobachtete. Er wollte sich Gewissheit verschaffen, ob Mayr seinen Dienstgang nach Ostin oder nach einer anderen Richtung hin mache. Denn er dachte, dass er seine Jagdbeute nur dann in Sicherheit bringen könnte, wenn Mayr nicht um den Weg war.

Nach einiger Zeit sah er wirklich den Revierjäger. Dieser verließ ruhig und gemächlich sein Haus und schlug die Straße nach Tegernsee ein. Also war die Luft sauber, meinte der Anderl, und eilte nach Ostin zurück. Bei den Eckardthäusern traf er den Menten-Seppei, seinen alten Spezi und Schulkameraden. Er versprach ihm einen Kronentaler, wenn er ihm den Hirsch nach Schliersee fahre. Der Seppei ließ niemals keinen Freund nicht sitzen, und darum versprach er auch dem Anderl seine Hilfe. Die zwei verabredeten, dass Seppei in der Nacht mit dem Schlitten zum Eckardt-Kreitl fahren und mit Anderl den Hirsch auflegen sollte.

Nun hatte aber der Revierjäger Mayr bereits Kenntnis davon, dass dort unter der Streu ein Vierzehnender versteckt lag.

Der Jagdgehilfe Riesch hatte den Schuss gehört und ging ihm nach. Er fand den Hirsch und meldete es seinem Vorgesetzten. Mayr fasste sofort Verdacht auf einen Wilderer, und weil er mit allen Schlichen vertraut war, vermutete er ganz richtig, dass der Frevler zuerst in Gmund herumspionieren werde. Für diesen Fall wollte er den Lumpen sicher machen und tat so, als ginge er ahnungslos nach Tegernsee. In Quirin aber bog er vom Wege ab und stieg von der Neureuth zum Eckardt-Kreitl hinunter.

Dort passte er nun mit Riesch in der mondhellen Nacht auf den vermeintlichen Wilddieb. Er hatte seinen Hund Donau bei sich, eine bissige Dogge, die auf den Mann dressiert war und ihm schon oft guten Beistand geleistet hatte.

Der Seppei fuhr zur verabredeten Zeit an die Wolfsmühle, wo ihn Anderl erwartete. Als die beiden am Eckardt-Kreitl anlangten, sah Anderl am Waldrande etwas Verdächtiges und sprang heimlich vom Schlitten herunter. Gleich darauf wurde Seppei angerufen. Noch bevor er antworten konnte, riss ihn der Hund des Revierjägers vom Schlitten herunter und versetzte ihm mehrere Bisse. Erst nach einiger Zeit pfiff Mayr seinen Hund zurück und stellte den Burschen zur Rede.

Seppei wollte den Freund nicht verraten und verlegte sich aufs Lügen. Das bekam ihm schlecht, denn der wütende Jäger hieb ihm mehrere Male mit dem Bergstocke über den Buckel und zwang ihn dann, den Hirsch aufzulegen. In Gmund wurde Seppei in das Försterhaus geführt und an das Stiegengeländer gebunden. Mayr schlug ihn hier mit der Hundepeitsche, dass das Blut an ihm herunterlief. Die ganze Nacht blieb Seppei angebunden bis um vier Uhr morgens. Da wurde er wieder auf den Schlitten geschnallt, um nach Miesbach gebracht zu werden.

Während der Fahrt scheute das Pferd. Mayr konnte es nicht mehr lenken und befreite Seppei von seinen Fesseln, damit er das Tier beruhigen sollte. Anfänglich ging es gut, aber plötzlich setzte der Gaul quer über die Straße. Seppei konnte ihn nicht halten; seine Gelenke waren geschwächt, und er fiel halb ohnmächtig vom Schlitten hinunter.

Da glaubte Mayr, dass der Gefangene fliehen wollte, und in Wut darüber schoss er ihm eine Ladung gehacktes Blei in den Rücken. Er ließ den Sterbenden im Schnee liegen und fuhr nach Miesbach, wo er bei Gericht seine Tat als berechtigt zu schildern wusste. Seppei wurde aufgefunden und zum Landarzte Scheucher verbracht, in dessen Hause er wenige Stunden später unter qualvollen Schmerzen starb.

Der wilde Revierjäger wurde für seine Grausamkeit schwer bestraft. Nicht vom Gerichte. Das ließ ihn ungeschoren, denn, wie gesagt, damals machte man nicht viel Umstände wegen eines wildernden Bauernburschen. Der gestrenge Herr Landrichter hielt zu den Jägern, die das wertvolle Revier des Königs hüteten.

Aber die jungen Burschen im Tegernseer Land waren damals so wenig wie heute der Meinung, dass man eine solche Tat ruhig hinnehmen muss. Sie wollten den toten Kameraden rächen. Und sie besorgten das gründlich.

Ein Jahr nach dem Vorfall, wiederum am Martinitage, erhielt Mayr die Nachricht, dass am Giglbergfelde gewildert werden sollte. Der Schlaue ließ sich überlisten.

Mit zwei Jagdgehilfen, dem Nikolaus Riesch und Johannes Probst, begab er sich dorthin und legte sich auf die Lauer. Nach kurzer Zeit erblickten die Jäger unter einer Buche am Giglbergfelde einen Mann mit geschwärztem Gesichte. Es war der Waldhofer Hansl, ein alter Freund des Menten-Seppei, der die Aufgabe übernommen hatte, den Mayr anzulocken. Die Jäger stürzten sich auf ihn, und die Dogge des Revierjägers richtete den Burschen schon übel zu, als plötzlich sechs seiner Kameraden die Jäger umringten und mit dem Gewehrkolben auf sie einschlugen. Mayr fiel schwer verwundet zu Boden, ebenso Riesch, der Jäger Probst stellte sich tot und rettete auf diese Weise sein Leben. Riesch starb den nächsten Tag, Mayr erst im März des darauffolgenden Jahres. Er kam nicht mehr zu Bewusstsein und konnte die Täter nicht namhaft machen. Der Jäger Probst aber bezeichnete den Waldhofer Hansl als einen der Mörder, und da man auf seiner Brust die vernarbten Hundebisse fand, welche er im Kampfe davongetragen hatte, wurde er verurteilt – zu sechzehn Jahren Kerker. Er verriet keinen, und so mussten die andern Burschen nach mehrjähriger Untersuchungshaft freigelassen werden. Im Friedhofe zu Gmund liegen die erschlagenen Jäger.

Auf einem alten Steine las ich die Inschrift: »Hier ruhet der ehrengeachtete Johann Mayr, königlicher Revierjäger in Gmund. Er starb an den Folgen der Wunden, die er im Kampfe mit ruchlosen Wilderern erhalten, am 16. März 1834.« Und auf einer Tafel neben der Sakristei steht: »Hier ruhet Nikolaus Riesch, Jagdgehilfe in Gmund. Er fiel in treuer Pflichterfüllung an der Seite seines Herrn, unter den Streichen der Wilddiebe, am 12. November 1833.«

So hat sich die Geschichte zugetragen. Die sittliche Weltordnung ist aber dabei wieder einmal nicht auf ihre Rechnung gekommen. Denn der Hauptschuldige, der Mesner Anderl von Schliersee, der sich am schlechtesten benommen hatte, fand nicht den Lohn seiner bösen Tat. Wenigstens nicht auf dieser Welt. Und wahrscheinlich auch nicht in der anderen. Denn er hat sich von der wüsten Jägerei abgewendet und einen gar frommen Beruf ergriffen, der ihm Gelegenheit bot, durch einträgliche Frömmigkeit seine Sünden abzuwaschen. Er wurde wohlbestallter Pfarrmesner zu Irschenberg. Seine feige Tat soll er freilich bereut haben. Wenigstens sagte das Lied, das Max Herndl von Kammerloh über diese traurige Geschichte verfertigte: »Es war der Jäger von Schliers schon selber voll Verdruss, dass er des Seppls Unglück war, weil er den Hirschen schuss.«

Trotzdem aber wurde er dick und behäbig wie alle Kollegen in diesem heiligmäßigen Berufe und starb erst dreißig Jahre später in seinem Bette.

Als der Krieg vorbei war – Aus einem bayerischen Dorf

Eva Demski

Das Gäu, im Sommer umgeben von klebrigen, grünen Hopfenvorhängen, begrenzt von einem faul fließenden Flussarm auf der einen und den Bergen auf der anderen Seite, musste seit Jahrhunderten mit den Menschen auskommen, die dort geboren wurden. Fremde kamen selten bis hierher, und dass es überhaupt welche gab, wusste man aus den Zeitungen, die die jüdischen Händler mitbrachten, und aus ihren bunten, wichtigtuerischen Erzählungen. Die Felljuden waren jetzt schon lange verschwunden, und keiner wusste, wohin.

Der Krieg hatte ihnen keine Neuigkeiten gebracht. Männer gingen weg, viele kamen nicht wieder. Die wiederkamen, erzählten nichts. Sie gingen in die Ställe, auf die Felder und in die Kirche, als ob nichts gewesen wäre. Sie rechneten die Monate ihrer Abwesenheit nicht nach, wenn sie auf die Neugeborenen schauten. Sie jammerten nicht um einen Hoferben. Ihre Frauen fürchteten sich, weil sie nicht mehr von ihnen verprügelt wurden wie zuvor. Manchmal versuchten sie, der Brünnerin ihre Ratlosigkeit zu schildern.

Man weiß ja nimmer, was man denken soll.

Das renkt sich schon wieder ein, sagte die Brünnerin dann.

Die Höfe im Gäu standen weit voneinander entfernt, sie waren vor Zeiten gelb gewesen und hatten jetzt große schwarze Moosflecken, die aussahen wie Kontinente. Die Steinstufen vor den Haustüren waren tief ausgetreten, die Fensterläden zersplittert wie von Äxten. Früher gab es Blumen vor den Häusern, und Stecken mit farbigen Glaskugeln hatten den kurzen Weg zu den Türen gesäumt. Jetzt schien es, als wüchsen nur noch die Misthaufen, obwohl es kaum Vieh gab und sie den Dung der wenigen übriggebliebenen Kühe versteckten, damit die Viehzähler sie nicht fanden.

Die Stuben waren niedrig und düster, in manchen standen schöne Schränke und Tische, sicher unter einer Dreckschicht verborgen. Einen Herrgottswinkel hatten sie alle, aber der liebe Jesus litt mehr unter den Fliegenschissen als am Kreuz, und die geweihten Zweige stammten aus besseren Zeiten.

Im Gäu vertat man die Zeit nicht mit Gottes- oder Menschenliebe, nicht einmal der Hitler hatte hier die Herzen zu bewegen vermocht. Er soll einmal in der Nähe geredet haben, aber bis ins Innere des unheimlichen Landes war er nicht vorgedrungen. Es gab hier auch keine Straßen, auf denen er sich in gewohnter Weise hätte zeigen können. Sie wussten schon was vom Reich und vom Krieg, aber sie hassten nicht und liebten nicht. Selbst die ausgehungertsten Flüchtlinge wollten lieber noch weitere Trecktage ertragen, als sich damit abzufinden, dass hier ihr Ziel sei und der Platz für ihr weiteres Leben. So blieben nur ein paar Halbtote da, die man nicht mehr weiterschleppen konnte, und eine neugierige Person wie die Brünnerin, die den Glanz in all der Trostlosigkeit sah und sich in dem langweiligen, feindseligen Land wohlfühlte.

In einer anderen Gegend hätte sie sich schwergetan, etwas Besonderes zu sein, denn sie war nichts Besonderes. Hier lebte sie, fast wie eine Freiwillige, eine übriggebliebene Sommerfrischlerin, und an die Düsternis hatte sie sich gewöhnt.

Im Winter mauerte der Schnee die Fenster zu, im Frühjahr ertranken die Hasen mitten auf den Wegen, im Sommer fraßen die Fliegen alles Lebendige, und im Herbst kamen alle Jahreszeiten mit allen Widrigkeiten auf einmal. Aber Kinder, die geboren werden sollen, kümmern sich nicht darum, und die Brünnerin war dankbar, wenn das Wetter an ihr riss und der Regen den Weg schwer machte.

In ihrem früheren Leben hatte sie Tag und Nacht in verhängten, dämmrigen Zimmern sitzen müssen, im schönsten Bordell von ganz Brünn, und das war sehr langweilig gewesen. Davon wusste niemand im Gäu, und es hätte wahrscheinlich auch niemanden interessiert. Sie dachten nicht darüber nach, dass es Länder gab, Städte oder Vergnügungen. Nicht, weil unüberwindliche Entfernungen sie von der Welt getrennt hätten! Schließlich hatten ja auch die Befreier hergefunden, die Amerikaner. Die Russen waren es nicht, obwohl die einen kürzeren Weg gehabt hätten und man sich unter denen etwas vorstellen konnte. So nannten sie hier die Küchenschaben. Nach dem Krieg nannten sie sie »Tschechen«.

Dass die Befreier Amerikaner waren, erkannten die Dörfler an den Schwarzen. Die gab es bei den Russen nicht, das wussten sie. Und die Befreier waren gekommen, stumm und entsetzt, ihre Jeeps kämpften sich langsam die Dorfstraße hinunter und drohten in ihr zu versinken. Kein wunderbarer Frühling wie im übrigen Land! Auch die Befreier kamen aus trostlosen Nestern, sie kannten den Geruch nach faulendem Heu und Jauche in Backsteinrinnen, aber sie begriffen nicht diese Verlassenheit in der Nähe größerer Städte. Bei ihnen zu Hause gab es echte Verlassenheit, man blieb, wo man war, wegen der endlosen Wege – aber hier? Die hätten nur zwei Stunden zu laufen brauchen, um die Welt zu wechseln. Selbst die zerschlagenen Städte der Feinde erschienen den Befreiern heiterer und lebendiger als dieser unberührte Winkel, und viele von ihnen hatten das Gefühl, erst jetzt dem wirklichen Feind gegenüberzustehen. Sie sprachen nicht darüber, aber sie hassten und verachteten die krummen, stummen Gestalten, die ihnen – wie überall – ihre Kinder entgegenschickten. Die waren auch anders als anderswo, und wer ihnen ein Bonbon hinhielt, bekam nichts als Angst zu spüren. Alles sei vergiftet, hatten die Dörfler gehört. Solche Sachen wurden gern geglaubt, und die Befreier gingen traurig und erschöpft, nachdem sie Hals über Kopf einen neuen Bürgermeister eingesetzt hatten.

Die Hebamme Aurelia war damals erstaunt gewesen über die Weisheit der amerikanischen Ratschlüsse. Ihre Begeisterung hielt auch jetzt noch an, obwohl sie gerade einen Beweis dafür ans Tageslicht gezogen hatte, dass man mit der Anwesenheit des Amerikanischen noch länger würde rechnen müssen. Nicht spurlos waren sie damals gegangen. Die eben glücklich beendete Geburt machte das Gäu sichtbar amerikanisch. Das würde hier niemanden freuen.

Der alte Nazibürgermeister war Aurelia verhasst gewesen, die Amerikaner aber hatten als Ersatz und Neubeginn einen ausgesucht, von dem Aurelia sicher war, dass es einen besseren nicht gab – woher kannten sie ihn?

Vor dem Krieg hatte sich die Stadt auf den Weg zum Dorf gemacht, da waren Maler gekommen und wieder gegangen, als sie beim besten Willen nichts zum Malen fanden. Ein paar Pensionäre, Antiquitätenjäger und Naturapostel hatten es ein wenig länger ausgehalten, bis das abscheuliche Wetter und das beharrlich grinsende Schweigen der Dörfler auch sie vertrieb. Am unempfindlichsten waren die Lebensmittelkäufer, die hier eine ganze Sau billiger bekamen als in der Stadt eine halbe, mit den Hühnern, der Butter und dem Honig war es genauso. Wem fehlt die landschaftliche Schönheit, wenn es billig und fett zu essen gibt? Aber der Krieg hatte die Stadt zum Halten gebracht, auseinandergehauen hatte er Stadt und Land. Jetzt ging es denen schlecht, hörte man, und jetzt konnte das Dorf entscheiden, ob die halbtoten Städte starben oder am Leben blieben. Zum ersten Mal waren sie hier im Dorf die wirklichen Sieger. Den einzigen aber, der vor Jahren schon aus der Stadt gekommen und geblieben war, holten sie mitten in der Nacht aus dem Schlaf und machten ihn zum Bürgermeister.

Er hatte es später Aurelia erzählt: Eine ausnahmsweise warme, trockene Frühlingsnacht, die zwei rundlichen Majore, oder was sie sonst waren, vor seinem Strohbett, er ohne Nachthemd, nur mit einem alten Damenunterrock um den Hals (das allerbeste gegen Erkältung!), und hinter den Befreiern her hätten sich die Schafe vom Franzosenbauern ins Zimmer gedrängt, auf der Suche nach etwas Salzigem! Seither röchen für ihn alle Amerikaner nach Schaf, dagegen könne er nichts machen. Und auch nach dem Aufwachen habe er geglaubt, es sei nur ein komischer Traum von Majoren und Schafen gewesen.

Das war eine gute Wahl, sagt Aurelia zu niemand Besonderem und ist jetzt fast zu Hause, die schwarze Wolke von Essigfliegen noch immer um die Stirn. Von der vorherigen Karriere ihres Bürgermeisters wusste sie nicht viel. In der Stadt aber, im ganzen ehemaligen Reich, hatten die Damen sein Bösewichtsgesicht – schräggeneigt, mit Seidenschal und Lippenbärtchen – auf Postkarten in ihren Handtaschen spazierengetragen. Von den Kinoplakaten leuchtete sein Abbild, bunt und groß wie ein Zimmer, und die jungen Mädchen standen darunter und beteten zu ihm hinauf. Das war lange her, aus den Damen waren alte Frauen geworden, und die jungen Mädchen hatten keine Damen werden dürfen, sondern mussten kriegswichtige Gedanken im Kopf haben, dem Führer folgen und sich das dann wieder abgewöhnen. Der Filmstar Fritz Rost war vergessen, wie er es sich gewünscht hatte.

Die Nazis hatten ihn nicht gemocht, warum, wusste er nicht. Man fände keine Rollen mehr für ihn, hieß es erst, dann wurden Bemerkungen, die er über Frau Baarova gemacht hatte, kolportiert (er könne sich bei dieser keine Begabung zu was auch immer vorstellen, sollte er gesagt haben, hatte das aber nie gesagt, schon, weil er selber mit ihr ein Verhältnis gehabt hatte) – und nach einem kurzen Aufenthalt in Dachau entsann er sich an das Gäu. Es war ihm als vollkommen sicherer Ort erschienen, durch seine düstere Langweiligkeit wie durch Mauern geschützt, und Fritz Rost kaufte sich ein kleines Anwesen, zog Hasen und Gemüse und wurde älter. Die neue, späte Rolle, die so ungestüm über ihn gekommen war, nahm er gleichmütig an. Er traute sie sich zu.

Zu Anfang, im ersten Akt des Stückes »Bürgermeister von Allmendhofen und anderen Dörfern«, hatte er sich keine Gedanken über seine Aufgaben gemacht. Nicht einmal das Führerbild hatte er bei den amerikanischen Andenkenjägern und Totemsammlern abgeliefert. Er hatte es in der Bürgermeisterei unter dem dichten Überzug aus Fliegendreck übersehen. Als seine Majore das merkten, hätten sie ihn um ein Haar gleich wieder abgesetzt, aber wen sonst nehmen? Und Fritz Rost zeigte ihnen ein paar alte Filmprogramme, die sie entzückten, Englisch konnte er auch, das war kein Nazi, never!

Aurelia hatte ihn als erste beglückwünscht und der Rest des Dorfes mitsamt dem ganzen Gäu stellte sich erst einmal tot. Zeit? Zeit brauchte man, um herauszufinden, was der neue anders machte als der alte und ob etwas besser würde. Sie hätten gar nicht sagen können, was.

Fritz Rost freute sich über die Glückwünsche der Hebamme und lachte. Die beiden einzigen Zugereisten der Gegend, neu aufgerichtete Stützen für ein neues Reich!

Sagen Sie ja nicht Reich!, bat der Bürgermeisterdarsteller, mit Reich wird es nichts mehr, Gottseidank. Arm sollten sie es nennen! Und der Pfarrer, der sich mit dem alten Bürgermeister ganz gut vertragen hatte – was waren schon tausend Jahre für die Heilige Mutter Kirche? –, verbreitete, dass es sich bei der neuen Besetzung um einen Bolschewiken handeln müsse. Seine Intrige verrann allerdings spurlos, weil niemand das Wort kannte.

Fritz Rost sah ein wenig seltsam aus, aber auch das störte niemanden, weil in dieser Zeit als Kleidung diente, was da war. Die Menschen waren nicht gerade schön in dieser Gegend, und dass Fritz Rost zwei Köpfe größer war als der längste Ureinwohner, passte zur Würde seines Amtes. Mit einem wiedererwachten Sinn für Kostüme und äußere Wirkung hatte er einen alten Frack aus den Trümmern seiner Filmexistenz hervorgeholt, den er mit einer warmen Strickweste und gekürzten Schößen trug. Jetzt, über ein Jahr nach dem Ende, ist alles eingespielt, er hat das Registraturbuch gefunden und weiß, wie der alte das Gemeindeleben organisiert hat.

Eine Wirtschaft ohne Geld, ein wilder Tauschhandel mit den Städtern, die jetzt noch ärmer waren als die Dörfler. Die hatten immer noch ein wenig Ernte und Vieh. Ein paar alte Handwerker lebten auch noch, alles, alles wurde gebraucht.

Wenn etwas fehlte, sagte es die Hebamme dem Bürgermeister und schaute ihn liebevoll an.

In seiner Nähe war nie eine Frau zu sehen gewesen, auch die Brünnerin rechnete sich da nichts aus. Wie alt mochte er sein? Sechzig? In diesen Zeiten kam es nicht so darauf an, und sie versuchte, ihm so nah wie möglich zu sein. Flaumiges, dunkelgraues Haar über dem braunen Schädel, eine nach unten gebogene Nase und engstehende Augen, die beim Nachdenken die Neigung hatten, an der Nase entlangzuschauen. Sein Bärtchen aber, das von einem schwarzen längst zu einem gänsefederweißen geworden war: kurzerhand abrasiert. Lieber keine Bärtchenerinnerungen.

Jetzt, ein gutes Jahr danach, waren sie beide tragende Säulen für das Gäu, und immer noch durfte sich Fritz Rost als der Herrscher des Ganzen betrachten, denn nicht überall hatten die Majore einen so guten Griff getan beim Ersatz von bösen Deutschen durch gute Deutsche. Es war ein numerisches Problem, und so blieb an Fritz und seinen wenigen Helfern die Regentschaft hängen. In die Rolle hatte er sich erst einarbeiten müssen, denn das Königliche war nicht sein Fach. Der Schwere Held wäre zur Not noch brauchbar gewesen, aber die Bösewichter und Intriganten? Niemals, und deswegen hatte er sich im Anfang etwas schwergetan.

Die Dörfler zeigten sich nicht verwirrt. Für sie war das Ende kein Ende gewesen und folglich empfanden sie den Anfang nicht als Anfang. Die Amerikaner waren gekommen und wieder gegangen. Das Leben hält sich nicht auf, sagte die Brünnerin und ahnte schon damals, dass es neun Monate nach dem Abzug der letzten Amerikaner doch einen Aufenthalt geben würde. Der Bürgermeister war ihr Zeuge. Welchem Verbrechen, welcher besonderen Übeltat sie den unwillkommenen Mädchensegen zu verdanken hatten, konnte aber auch er nicht erklären.

Die Geburt des Grundgesetzes

Horst Mönnich

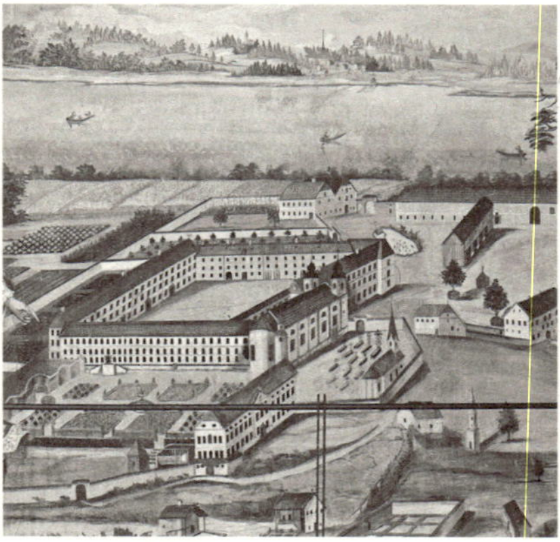

Der Wirt flog am nächsten Tag nach Florida, und ich hatte, fast in Sichtweite zu ihm – mein Haus steht auf der Anhöhe von Breitbrunn gegenüber von Herrenchiemsee –, ins Telefon gesagt: »Ich komme. Wann geht das nächste Schiff?« – »Von Stock aus in zwanzig Minuten.« – »Gut«, sagte ich, »könnte ich schaffen. Hoffentlich passt es Ihnen.« – »Es passt«, erwiderte er. Er war außer den Reportern und der einen und anderen Sekretärin der einzige Augenzeuge, der noch lebte. Ich rechnete mir aus, dass es fünfunddreißig Jahre her war. Was würde er noch wissen?

Die Sonne stach, es war Januar, Föhn, er zog das Gebirge heran, fast fiel es in den See. Die Inseln kamen in Sicht. »Wer hier wohnt«, sagte ein junger Mann vor der Kajüte zu einem Mädchen, »hat immer Urlaub.« – »Geh«, sagte das Mädchen, »und der Ludwig? Nur eine Woche war der in seinem Schloss.« – »In einem Schloss wohnt man ja auch nicht. Da repräsentiert man«, antwortete der junge Mann. »Was du schon weißt«, sagte das Mädchen, »unglücklich war er.« Sie wollten zum Königsschloss wie die Zehntausend, die es, oft an einem einzigen Tag, im Sommer hierherzieht.

Aber im Schlosshotel, nahe der Landestelle, wo sonst die Kutschen warten, traf ich sie wieder. Sie waren, neben mir, die einzigen Gäste und hörten zu, was der Wirt mir erzählte. Er hatte ein paar Bücher mitgebracht und auf dem Tisch ausgebreitet. »Es war still wie heute«, sagte er. »Die Währungsreform war gerade gewesen. Bis dahin war die Insel schwarz von Menschen. Danach wars wie abgeschnitten. Kein Geld – außer dem Kopfgeld, vierzig Mark, die jeder nur hatte, die waren zu wertvoll, um sich das Ludwigschloss anzusehn und bei uns Weißbier zu trinken. Wir überlegten schon, ob wir Lokal und Hotel schließen sollten, das Personal war schon entlassen. Da kamen sie, elf ältere Herren – ältere Herren in meinen Augen, ich war damals Mitte zwanzig –, und zogen hier ein. Der Konvent begann.«

Das Paar am Nachbartisch, mucksmäuschenstill, hörte zu, horchte; man sah's ihm an, in eine Vergangenheit hinein, in der die Zeiten durcheinander wirbelten: Konvent!? Im Kloster nebenan, das auch »Altes Schloss« heißt, hatten einst Mönche gehaust; Bayernkönig, Währungsreform – alles vor ihrem Leben, weit davor. Und: »Grundgesetz«, sagte jetzt der Wirt – was war damit, hier?

»Hatte man«, fragte ich, »hatten Sie eine Ahnung, was die Herren tun wollten?« – »Nicht gleich, erst allmählich«, sagte der Wirt. »Erstens waren acht Gendarmen aus Prien da, nebst zwei Geheimpolizisten. Das war schon ungewöhnlich. Und zweitens: die Journalisten. Es gab nur zwei Telefonanschlüsse hier, immer durchgestöpselt vom Priener Amt. Sie können sich denken, was da los war, nach den Sitzungen. Jeder wollte der Erste sein.«

Der ihm die Sache dann erklärt habe, sei der Hans Ulrich Kempski gewesen von der *Süddeutschen Zeitung*. Ein dickes Ding, habe der gesagt. Von dem, was die im Konvent beschließen, hängt die Verfassung ab. Nicht die bayerische, die deutsche. Aus Null soll ein Staat entstehen, ein Muster von Staat, kein Nationalstaat, ein Bund deutscher Länder, und manche, die meisten sind noch dagegen. Klar ist nur, dass es nicht ohne Gesetze geht. Um Gesetze zu machen, braucht es eine Verfassung. Die soll hier entstehen. Wie sie ausfällt, wird der Staat entscheiden, ob der funktionieren kann als Demokratie … »So etwa«, sagte der Wirt. »Da war mir erst klar, was Herrenchiemsee bedeutet. Wenn was Vernünftiges dabei herauskommt, machen die hier Geschichte, dachte ich. Und es fiel mir die Bayernpartei ein, die in Prien rebellierte. Etwas von Haberfeldtreiben war durchgesickert. Sie wissen: Da wirft man Fensterscheiben ein, legt Brand, treibt den Teufel aus … Nun, wir hatten die acht Polizisten, und die Herren, die im Alten Schloss tagten, gleich hier neben uns, Zimmer sieben, ob Preußen oder nicht, waren friedliche Leute. Staatsrechtler, hieß es, Professoren, weniger Politiker. Der Süsterhenn war dabei, ein Minister aus Rheinland-Pfalz, Theo Kordt aus Bonn, ein Professor Brill von Hessen, glaube ich. Auch ein Mann aus Berlin, der Stadtverordnetenvorsteher Otto Suhr, offiziell durfte der gar nicht dabei sein, nur die elf Länder der Westzonen. Von Kiel, für Schleswig-Holstein, war auch ein Professor gekommen, Baade, ein Freund vom Carlo – na und Carlo, Carlo Schmid, der war der Kopf. In der Mittagspause saßen sie in kleinen Gruppen im Park zusammen – Philosophen, dachte ich, was soll da herauskommen? Dann lernte ich sie kennen: Hier, das Buch, hat mir der Carlo Schmid geschenkt. Mit Widmung.«

Er gab es mir in die Hand, Holzpapier, leicht vergilbt. Ich las den Titel: »Römisches Tagebuch«. Dann: »Dem lieben Herrn Huber auf Herrenchiemsee Carlo Schmid, 14. August 1948.« – »Ein Dokument«, sagte ich. »Heben Sie's gut auf« – »Meinen Sie?«, fragte der Wirt. »Keine Sau interessiert, was hier passiert ist: Aber alles steht aufgeschrieben«, er wies auf das zweite Buch, das er mitgebracht hatte, den »Bericht über den Verfassungskonvent«, der noch unter amerikanischer Lizenz (US – E 172) bei Richard Pflaum in München erschienen war. »Und alles wahr«, sagte er, »und so, dass man es versteht. Aufregend!« Er schlug das Buch auf, las: »›Artikel 1: Der Staat ist um des Menschen willen da, nicht der Mensch um des Staates willen … Die Würde der menschlichen Persönlichkeit ist unantastbar … Artikel 2: Alle Menschen sind frei: Jeder Mann hat die Freiheit, innerhalb der Schranken der Rechtsordnung und der guten Sitten alles zu tun, was anderen nicht schadet.‹ – Na ja. Sie haben dann eine Gedenktafel angebracht. Kommen Sie, ich zeige sie Ihnen.« Wir gingen hinaus, keine hundert Schritt, und er wies nach oben. In Stein gemeißelt, klein, eigentlich nur mit dem Feldstecher zu lesen, war in die Wand unterhalb des Fensters im ersten Stock des Alten Schlosses folgende Inschrift eingelassen: *In diesem Gebäude tagte vom 10.–23. August 1948 der Verfassungskonvent zur Vorbereitung des Grundgesetzes für die Bundesrepublik.*

»War das Absicht«, fragte ich den Wirt, »es so hoch anzubringen?« – »Glaube nicht«, erwiderte er. »Die Leute interessiert nur das Ludwigschloss. Wer die Insel betritt, will dorthin. Zehn Minuten für den Weg. Anderthalb Stunden dauert die Führung zurück, schon ist das Schiff da, die Nächsten kommen.« So war es wohl. Eine Stimme vom Hotel rief: »Herr Huber, Telefon.« – »Moment«, sagte der Wirt, »gehn Sie allein rauf? Nicht zu verfehlen: das Eckzimmer rechts, Nummer sieben. Ich habe es aufschließen lassen. Es ist übrigens derselbe Raum, in dem Hitler, das war nach seiner Landsberger Festungshaft, von den Bechsteins, dem Pianofabrikanten Bechstein und seiner Frau, das Geld gekriegt hat.« – »Welches Geld?« – »Ach«, sagte der Wirt, »eine Kleinigkeit. Bloß vier Millionen, mit denen er die Partei wiederaufbaute. Und womit dann alles anfing.« – »Und das ist kein Märchen?« – »Ich war nicht dabei«, sagte der Wirt. »Aber da oben ist das passiert, Saal sieben, und es ist Geschichte. Kann man nicht wegwischen. Jedenfalls ein Ort zum Nachdenken. Haben Sie das Buch?«

Ich nickte. Angelangt im Saal sieben, einem dunkel getäfelten Raum, der gar nicht sehr groß war, aber bequem elf – mit dem Mann aus Berlin und dem Vorsitzenden dreizehn – Menschen an einem Tisch Platz bot, schlug ich es auf, fast neugierig, ob »Würde«, die wiederherzustellen war, von diesem Ort in den Text hatte überführt werden können, den der Parlamentarische Rat in Bonn sofort nach Beendigung der Beratungen auf Herrenchiemsee erhalten hatte. Die Präambel begann so: »Der Begriff ›Grundgesetz‹ ist vieldeutig. Er kann nach dem Sprachgebrauch eine Verfassung bezeichnen; also das rechtliche Gefüge und die Grundnormen eines Staates. Es ist aber ebenso möglich, dass mit der besonderen Wahl dieser Bezeichnung – anstatt des präziseren Wortes ›Verfassung‹ – von den Ministerpräsidenten zum Ausdruck gebracht werden wollte, dass die Aufgabe des Parlamentarischen Rates nicht darin bestehen solle, die rechtliche Ordnung für einen Staat im vollen und strengen Sinn des Wortes zu schaffen, sondern für ein hoheitliches Gebild, dem gewisse Merkmale fehlen, die nur Staaten im vollen Sinne des Wortes eigentümlich sind.«

Ich ließ das Buch sinken. In den Fenstern des Saales lag die schönste Landschaft der Welt: Frauenchiemsee, die Krautinsel, der Kranz der Berge dahinter im blauen Glast des Föhns, und ich hörte Carlo Schmid sagen, dass das Staatsgebilde, dessen Geburt man hier am Chiemsee soeben einleitete, nicht mehr als provisorischen Charakter tragen dürfe; ein »Weststaat« könne gar kein Staat sein, weil es ihm der unabhängigen Autorität ermangele, solange die Besatzung andauere. Ein wirklicher Staat müsse die Grenzen seiner Wirksamkeit selbst schaffen und dürfe nicht schon im Aufbau von außenstehenden Mächten beeinflusst werden. Außerdem müssten alle Türen für eine spätere gesamtdeutsche Institution offengehalten werden, er plädiere deshalb dafür, den Begriff »Weststaat« von vornherein abzulehnen. – Abgelehnt, erscholl es rings im Kreis um ihn, auch Pfeiffer, der bayerische Staatsminister, sagte es und klatschte, und Carlo Schmid fuhr fort: Die Schaffung eines De-facto-Staates würde einen ausgesprochen separatistischen Akt darstellen und könnte, nein würde mit Sicherheit der Anlass für die Bildung des Pendants eines ostdeutschen Staates sein. Außerdem könne von Verfassung keine Rede sein. Für eine echte Verfassung müsse man auf die Barrikaden gehen und dürfe nicht erst die Genehmigung einer Militärregierung einholen. Bravo, rief es nun allenthalben um ihn herum, und Suhr, der Mann aus Berlin, sagte, ein Schuss Berliner Luft würde dem zu findenden provisorischen Verfassungswerk, das man Grundgesetz nennen wolle, sehr gut tun, und alle elf stimmten ihm, der nominell gar nicht anwesend war und sein durfte, einmütig zu.

Unten, auf der Allee, die zum Königsschloss führte, das auch das Bayerische Versailles genannt wird, erblickte ich das Paar von vorhin. Die Besichtigung lag hinter ihm. Was hatte es gesehen? Doch nicht wohl Geschichte, wie die landläufige Meinung war: dass sie im Ludwigschloss eingefangen sei wie die Biene im Bernstein. (Ludwig selbst hatte dies nie gewollt. Die ungeheure Anstrengung, das Zeitalter Ludwigs XIV., von dem er seinen Namen herleitete, in die Kälte seiner Welt zurückzuholen, galt allein der Verwirklichung eines privaten Traums, dem er lebenslang nachtrauerte, und niemals musealen Zwecken und schon gar nicht dem Volk.) Aber hatte man meinem Paar gesagt, dass im Spiegelsaal, wie ihn Ludwig nachbilden ließ, einst, 1871, die Proklamation des deutschen Kaiserreiches zur eindeutigen Demütigung Frankreichs stattgefunden hatte? Zwei Jahre darauf kaufte der Märchenkönig die Insel, nach weiteren fünf Jahren begann er mit seiner Kopie, sieben Jahre baute er daran, dann ging das Geld aus, und im folgenden Jahr suchte er den Tod im Starnberger See. Welche Vision nahm er mit? Dass sich, über die Schlafgemächer, übers Tischleindeckdich mit seiner monströsen Mechanik, über den Spiegelsaal hinaus »Meicost-Ettal«, wie er sein Unternehmen nannte – es enthielt in Metathese das Wort des Sonnenkönigs *»L'état c'est moi!«* –, vollenden ließe? Es wurde, zum Glück, nichts daraus. Aber deutsche Geschichte, wiewohl er dies nicht beabsichtigte, blieb in seiner Kopie anwesend: Am 28. Juni 1919, dem fünften Jahrestag der Ermordung des Erzherzogs Franz Ferdinand, wurde im Spiegelsaal von Versailles, wo König Wilhelm I. zum deutschen Kaiser ausgerufen worden war, der Friedensvertrag mit Deutschland, das »Schand-Diktat«, unterzeichnet. »Bringt die Deutschen herein!«, knurrte der französische Ministerpräsident Georges Clémenceau, und wie Verbrecher, durch eine kleine Seitentür eingelassen, erschienen die beiden deutschen Delegierten, Außenminister Hermann Müller und Verkehrsminister Johannes Bell, wurden ans unterste Ende der Tafel verwiesen und, nach der Unterzeichnung, wieder durch die kleine Seitentür hinausgebracht ... Eine gespenstische Szene.

Beschloss sie auch den letzten Akt des von Bismarck geschaffenen Zweiten Reiches der Deutschen, so hatte ich, als ich bei Kerzenschein und Mozart-Musik mich durch Ludwigs elend-prunkvolle Kopie dieses Saales – einmal und nicht wieder – schieben ließ, sie ebenso wenig vor Augen wie als Soldat in Frankreich, als man uns das Original vorführte ... die Spiegel zerbrochen, blind geworden der übriggebliebene Rest, durch die zerborstenen Fenster pfiff der Wind, und im aufgequollenen Parkett hakten sich, über Regenpfützen setzend, unsere Knobelbecher fest ... das war Versailles, wo der Sonnenkönig regiert, wo Kaiser Wilhelm die Huldigung der deutschen Fürsten erfahren hatte? Ich war mehr als enttäuscht.

Aber jetzt, angesichts wirklich lebendiger Geschichte, die sich mit dem Staat, in dem ich lebte, verband, stiegen diese Daten und Ereignisse von Neuem auf. Welch ein Ort, diese Herreninsel, auf denen sie sich überschnitten! Doch hatten wohl weder Carlo Schmid noch die Bayern, als sie elf deutsche Länder hierher einluden, um das Grundgesetz zu machen und damit die Geburt eines Staates einzuleiten, der auf den Krücken dieses Gesetzes und des Besatzungsstatutes das Gehen lernen musste, daran gedacht.

Das Paar hatte nun das Alte Schloss erreicht. Es blieb ihm keine Zeit mehr, hinaufzusehen, wo die steinerne Tafel hing und ich hinterm Fenster stand. Das Schiff wartete schon.

Der CSU-Sammler

Gerhard Polt

Ich sammle jetzt gut zwanzig Jahre CSU. Ich hab mich drauf eingeschossen. Es ist eine echte Leidenschaft. Gut, andere sammeln SPD, sogar FDP, wie halt Briefmarken auch oder Samuraischwerter. Sie glauben ja nicht, was heute alles gesammelt wird. Ich kenn einen, der sammelt BHE-Flüchtlinge. Von mir aus.

Ich hab mich halt auf CSU spezialisiert, und ich muss sagen, inzwischen bin ich im Besitz von wirklich schönen Objekten. Nicht die allerwertvollsten, aber ein paar Sachen hab ich schon, wo man stolz sein kann.

Die Heiligenbilder hab ich sowieso, mit Unterschrift. Den Strauß, den Tandler, den Höcherl, den Ochsensepp, auch den Old Schwurhand! Von dem besitz ich sogar das Foto, wo er gerade den Meineid schwört. Leider hat er es nicht unterschrieben, aber menschlich ist das ja verständlich.

Dann drei Originalbarthaare vom Alois Hundhammer, der Bartrest soll sich in Sydney befinden. Den Stoiber hab ich x-mal – mit Unterschrift! Das sind ja jetzt Märtyrerbilder! Also, meine Sammlung kann sich durchaus sehen lassen.

Leider hab ich von dem Dossier von der Monika Hohlmeier nur sieben Seiten, und die sind ziemlich unleserlich. Nur auf einer kann man entziffern: »Dieses Dreckschwein, den mach ich fertig!« Also doch schon ein Dokument von einer Powerfrau! Übrigens hab ich auch was Lustiges: den Knochen von der Lieblingsschweinshaxe vom Franz Josef Strauß.

Aber jetzt komm ich zu meinen Prunkstücken. Hier, ein Fragment, schaut aus wie ein Knäckebrot. Stichwort Festplatte! Das Stück, was der Max Strauß nicht mehr runtergebracht hat in der Eile, das, was er nicht mehr fressen konnte, also eine echte Rarität! Die kriegt amal mein Bub, da kann er sich einen Wohnblock kaufen.

Aber jetzt komm ich zu einer Perle, die alles in den Schatten stellt. Bei allen, die's wissen, genieß ich deswegen uneingeschränkte Bewunderung. Ich erzähl aber auch ungern, wie ich zu der gekommen bin. Erinnern Sie sich an das Wolfratshauser Frühstück? Da wurden doch Weißwürste verzehrt. Ich bin stolzer Besitzer der Originalhaut der Weißwurst, die Angela Merkel gezuzelt hat. Ich hab extra ein Gutachten anfertigen lassen, das bestätigt, dass sich auf der Wursthaut Lippenstiftspuren befinden. Ungeheuer! Die Wursthaut befindet sich natürlich im Banksafe in einem Humidor, damit sie nicht ausdörrt.

Nein, diese Preziose stifte ich natürlich einmal keinesfalls dem Buchheimmuseum. Die erbt amal meine Tochter, dann kann sie auch an den Starnberger See zu den zwanzig Prozent ziehen.

Und jetzt hab ich noch ein besonderes Schmankerl in Aussicht. Gestern ruft mich der Hinrainer Rudi an, der Hund, der denkt eben echt mit! Ich muss schon sagen, das ist wie a Weihnachtsgeschenk! Hat der mir glatt im eBay für läppische 342 Euro die bayrische Karriereschleuder schlechthin ersteigert.

Sie werden es noch wissen: Der Otto Wiesheu, Staatssekretär seines Zeichens, hat doch damals im Vollrausch, 1,99 Promille, einen Polen dermackt, also totgefahren. Der Pole war nüchtern, das hat ihm allerdings wenig genützt. Kurz darauf bekam dieser Herr Wiesheu doch den Bayerischen Verdienstorden und wurde dann auch Verkehrsminister. Sicherlich aber nicht allein aus dem Grund.

Und das original Röhrl, in das der Wiesheu hineingeblasen hat und wo man die 1,99 festgestellt hat, das hat der Hinrainer Rudi für mich im eBay ersteigert. Eine echte Okkasion!

Sie werden verstehen, dass mich das geradezu euphorisiert.

G'redt is glei –
Gedanken eines bayerischen Grantlers

Corinna Binzer

Wissen Sie eigntlich, dass i was Bsonders bin? Also sicher einige von Eana aa. Ja, mia san nämlich Exoten. Also rein äußerlich ned. Aber inwendig.

Mia san Bayern, Münchner und mia redn trotzdem boarisch! I komm ma fast scho vor wia a Dinosaurier: Vom Aussterben bedroht.

Wissn Sie eigntlich aa, wia schee des is, dass Sie des Buach in da Hand ham? Ned, weil Sie in da glücklichn Lage san, dass' eines der Exemplare ergattert ham, naa, sondern weil Sie des da im scheenstn Bundesland Deutschlands, im Freistaat Bayern, kafft ham.

Schee is des.

»Wen Gott lieb hat, den lässt er fallen in dieses Land.« Des hat der Ludwig Ganghofer gsagt.

Bayern is flächenmäßig des größte Bundesland.

Bayern ist ein Kulturstaat.

Bayern is schee.

Wissen Sie, wia schee des is? Is Eana des bewusst? Also mir war des ned immer so bewusst. Draufbracht ham mi do eigentlich de Nichtbayern. Wurscht wo's her san. Halt ned aus Bayern. Wurzelmäßig.

Oft merkt ma ja erst, wia schee was is, des ma hat, wenn andre neidig drauf san. Ja, und weil i mia denk, dass de alle eigentlich auf uns und unser Lebensart neidig san, machts ma aa gar nimmer so vui aus, wenn zu mir gsagt werd: »Du bist ja bayrisch.« Des werd oft so gsagt, ois wia wenn ma a Behinderung hätt oder a höchst ansteckende Krankheit. I sog ja aa ned: »Mei bist du hochdeitsch.«

Aber, jetzt hör i des einfach als Bewunderung: »He, du bist ja bayrisch.«

Aber vielleicht is des ja gar ned da Neid, sondern oft einfach nur Unverständnis. Mia Bayern san ned wirkle leicht zum versteh und des is ned unbedingt nur sprachlich bedingt. Häufig aber scho. Leut wia i, de zwoasprachig aufgwachsn san, de wissn scho, wia des is mit der Zweisprachigkeit, bei der fürs ganze Lebn de erste Sprach so dominant bleibt.

Sogar de *Frankfurter Allgemeine* hat se scho Sorgn drüber gmacht, dass da bayrische Dialekt im Großraum München »auf der Schwundstufe angekommen« is. De Lage muass also wirklich ernst sei, oder? Dabei is des meiste, wos Sie hörn und moana »Mann, wie bayrisch« scho gar koa original oids Boarisch mehr, sondern bloß a Überbleibsl. Aber selbst des glangt für unsre Nichtbayern, um uns manchmoi misszuverstehn.

I gib Eana amal a Beispui, des mi a Zeitlang bschäftigt hat, weil i gar ned glaubn hab kenna, dass des an' Zeitungsartikel wert is, geschweige denn, dass se ein Gericht in Bayern mit so eina Anzeige überhaupts auseinander setzn hat müassn!

A Preiß hat an Bayern ozoagt, weil er se ziemlich sicher war, dass'n der mit »Leck mi am Arsch« beleidigt hätt. Ja, aber des is jetz fei gar ned so einfach zu beurteiln, weil mia ganz seltn a direkts »Leck mi am Arsch« von uns gebn. Mia setzn des nämlich sehr variabel und in seiner ganzen »Artenvielfalt« ei.

Aussage: Ja, mi leckst am Arsch. – *Bedeutung:* Uneingeschränkte Bewunderung. – *Beispiel:* Ja, mi leckst am Arsch, so an guadn Schweinsbratn hab i ja no nia ned g'essn. – *Übersetzung:* Donnerwetter, das ist ja kaum zu glauben. So einen guten Schweinebraten habe ich mein ganzes Leben lang noch nicht gegessen.

Aussage: Ja, leck mi doch am Arsch. – *Bedeutung:* Resignierende Verzweiflung. – *Beispiel:* Ja, leck mi doch am Arsch, den Schmarrn dua i mir nimmer länger o, wenn's a so a Zeig zamspuin, de Deppn de! – *Übersetzung:* Ich glaube, ich bin einer Ohnmacht nahe und nicht länger gewillt, mir dieses Spiel, welches auf eine dermaßen stümperhafte Weise von diesen Unfähigen dargeboten wird, auch nur noch eine Minute länger anzusehen.

Aussage: Ja, da kannst du mi sauba am Arsch lecka. – *Bedeutung:* Absage. – *Beispiel:* Ja, da kannst du mi sauba am Arsch lecka, de sehng mi nimmer, i bin doch ned dene eana Depp! – *Übersetzung:* Ja bist du denn des Wahnsinns fette Beute? Nie mehr im Leben werde ich diesen Ort des Grauens aufsuchen. Ich mach mich doch nicht zum Affen!

Ja, mi leckst am Arsch, is des kompliziert!

No a kloans Beispui, dass unser Sprach a eigne Wissenschaft is: Des Zahlwort »zwei« is in unsrer Mundart nämle dreigeschlechtlich, hab i selber lang ned gwusst.

»Zwe« is männlich, »zwo« is weiblich, »zwoa« is sächlich:

Zwe Stier, zwo Küah, zwoa Rindviecher.

Vastehn S' des? Ned wirkle, gell. Ja, für uns selber is's aa oft ned einfach. Des muass ma erst amal vasteh: »I geh nei. Bin i na drin, na kummst hold aa rei.« Mia gebn a glei no allerweil unserm Gesprächspartner unsern derzeitign Standort bekannt, damit der woaß, wo ma grad san. Is doch ganz einfach, oda? »Kumm rauf« bedeut, dass i scho drobn bin, und wenn du dann aa nauf gehst, bist aa herobn.

Jetz amoi a Beispui unsres »Sprechverhaltens«: A Bayer erzählt a'm Nichtbayern a Gschicht. Der Bayer erwartet vom Zuhörenden koa Reaktion. Da der Zuhörende a Person is, de aus am nichtbayrischen Raum kommt, hört ma mit Sicherheit: »Das war ja mal eine spannende Geschichte und Sie sind sich sicher, dass Sie mir da keinen Bären aufbinden wollen? Unglaublich, was Sie alles erlebt haben und Sie erzählen auch so spannend. Also diese Passage mit dem …«

Sie, und des gehd no minutnlang so weida …

Um'kehrt: A Nichtbayer erzählt a'm Bayern a Gschicht. Der Nichtbayer erwartet vom Zuhörenden sehr wohl eine Reaktion! De kriagt er aa und zwar:

»A geh, ha?« Der Nichtbayer rechnet mit einer weiteren Aussage, einem Kommentar zu seiner Gschicht, einer Meinungsäußerung, irgendwas – er werd aber nix mehr hörn, weil damit is eh scho oiss gsagt.

»Der Nichtbayer spricht den ganzen Gedankengang mit, während der Bayer nur das Ergebnis bekannt gibt.« So hat des da Kurt Wilhelm formuliert, und dem ist nichts hinzuzufügen!

A verbreiteter Irrglaube unserer Besucher is aa, dass unser Lebn des ganze Jahr aus Schuahplattln, Jodln und Lederhosntragn besteht und mia uns nur von Weißwürscht, Brezn, Haxn und Schweinsbratn ernährn.

Unsre Kinder werdn ned mitm Bier im Flascherl großzogn und sie reitn aa ned auf da Kuah in d'Schul, und genausowenig fahrn ma mit'm Bulldog in Urlaub. Mia san aa koa brutales Volk und köpfn Schaf, naa, mia dean Schafkopfa!

Vui Nichtbayern macha einfach den Eindruck, dass uns ned wirkte mögn, sie dulden uns halt, weil ma zufällig eana

Lieblings-Urlaubsland bevölkern. I hob aa manchmoi des Gfui, dass’ moana, sie dean uns an Riesengfalln, wenn’s uns die Gnade ihres Bsuachs erweisn.

Wissn’S, do hob i a bissl a anstrengende Woch hinta mir und na fahr i an a’m Samstag in da Früah nach Aschau und geh, jawoi, i geh nauf auf d’Kampnwand. Mit jedm Höhenmeter lass i a paar schware Gedankn aufm Weg liegn und mei Laune werd oiwei besser, und es durchströmt mi so a unglaublichs Glücksgfui, wenn i ab und zua stehbleib und rundum schaug. Nunter auf Bernau und aufn Chiemsee. Ja, is des schee. Do geht ma s’Herz auf, weil des is mei Hoamat. Berg, Wiesn, a so a guade Luft und a himmlische Ruah. Ja, do bin i dahoam und mächad ned für vui Geld woanders dahoam sei miassn.

Kurz vor da Steinlingalm gfrei i mi scho drauf, dass i mi a bissl an d’Hauswand hisetz, mei Brotzeit auspack und a scheene Halbe dazua trink. De letztn Meter pump i no’mal de guade Luft in meine Lunga, geh rum ums Hauseck, stell mi o und bstell – und wia i grad am Zahln bin, hör i: »Ach du meine Güte, was ist denn bitte Halsgrat?« – »A Nackensteak von da Sau, gnä Frau.« – »Nee, das ist mir zu fett und zu fleischig, haben Sie was im Lowcarb-Bereich? Oder zufällig was Vegetarisches?«

I drah mi um und steh eina Person in Stöcklschuah und Kostümal gegenüber. I Depp hob da ja überhaupt nimmer drodenkt. Da fahrt ja d’Seilbahn rauf!

Grad dass i no an Platz kriagt hab, weil de Terrassn auf oamoi überbevölkert war mit Anzugträger und Kostümdamen. »Ja und so eine schöne Aussicht. Kuck mal. Das ist ja ähnlich schön, wie letztens bei diesem Zipfiwirt. Aber die Auswahl an Gerichten ist ja jetzt nicht gerade der Hit. Kuck mal. Was es hier für merkwürdige Dinge zu essen gibt. Halsgrat, Knöcherlsülz, Geselchtes, Züngerl, Stockwürste. Ach das ist ja nett, das wär doch was für die Kinder, so ein Würstchen am Stock ...«

Der Wahnsinn.

Da fallt ma übrigens der Witz ei, wia da Preiß den Bayern auf da Alm fragt: »Herr Senner, sagen Se mal, wie heißt denn dieser Gipfel dort?« – »Da welchane?« – »Ah ja, vielen Dank, sehr nett!«

I daad ja dene Seilbahnfahrer am liabstn sagn, dass' einfach Brotzeit macha solln. Mei, aber wia sollt i eana des erklärn? Brotzeit is a Begriff mit tiefem philosophischem Gehalt, was ma scho da dro erkennt, dass ma a Brotzeit oanaseits »macht«, aber andrerseits nur macha ko, wenn ma s' scho dabei hat. Brotzeit is oaner von de seltnen Begriffe, bei dene des Wort als solches in idealer Weise mit seiner Bedeutung übereinstimmt.

Zu eina Brotzeit ghört unbedingt a Brot und eben aa Zeit. Ohne Zeit waar a Brotzeit völlig undenkbar. Wer koa Zeit hat, kann niamois a Brotzeit macha. Und de ham ja alle nia Zeit, oiss schnell schnell, bloß koa Gmiatlichkeit ...

Auf der Suche nach dem perfekten Leben kommt der Mensch in Bayern vorbei und denkt: »Hier bleib ich, hier ist es schön. Das Essen ist leidlich, die Menschen zwar grummelig, aber nicht bösartig und die Umgebung ist paradiesisch.« Hat uns eigentlich scho amal wer gfragt, ob mir de alle überhaupts do ham wolln?

Ja freile san mir tolerant.

Ja freile san mir offen.

Ja freile san mir ...

Naa, san ma eigentle ned!

Wissen S', es is so, und des is jetzt ned amal typisch bayrisch: Wer mag denn des scho, wenn er des Gfui vermittlt kriagt, dass er se ändern miassad, dass er a bisst zruckbliebn s, wer mag denn des scho, wenn er hi und da belächelt wird und halt ein notwendiges Übel in dieser ach so herrlichen Landschaft is? Des macht uns fei scho was aus. Mia Bayern ham nämlich a ganz a empfindsame Seele, gell. Aa wenn mia des ned herzoagn. Des braucht gar koana wissen. De solln nur moana, dass ma so grantig san, wia sie uns gern hättn.

Aber dieses unguade Gfui kriagn mir immer und immer wieder vermittelt. Bewusst oder unbewusst. Oder warum fühlen se manche »Besucher« immer genötigt, oan »auf Bayern« zum macha, wenn's do san? »Gell Zenzi, jetzt bringst ma no a Moaaaß und a Händal dazua, und dann zeig i dir mein Oachkatzlschwoaf … Hahaha!«

Aa des Fernsehn lasst ja sowas ned aus: Holldriöh! Die Alpenshow! Komiker in Lederhosen und Dirndl, die um die Wette Käse rollen und Kühe melken. Des is scho so bläd, dass' mia eigentlich am Arsch vorbei geht, aber aufregn dua i mi trotzdem a bissl.

Dabei kriagt ma heut scho lang koa Bayern mehr zum sehng, wias wirkte amal war. Früher war's ja no vui scheener bei uns. Da ham ma no vui mehra echte Sachan ghabt, de aber mittlerweile alle verschwundn san. An echte Schnee zum Beispui. An richtign. Hain ma heutzutag a nimma wirklich. Früher is ma naus vor d'Haustür und hat glei as Rodln ofanga kenna. Heut geht des nimmer, bleibt ja koa Schnee mehr liegn. Mach ma halt in de Berg an künstlichen. Genauso wia ma a künstliche Volksmusik macha und wias in Münchn künstliche Trachtn zum Kaffa gibt und in Traditionsgaststättn da Weißwurschtsenf im Plastikpackerl serviert werd.

Also, Winter ham ma wirkle koan gscheitn mehr, jetz ham ma allweil so a »i-mag-ned-nausgeh-Wedda«. Früher is ma gwandert, und da Schnee hat unter de Schuahsohln knirscht, und am Winterhimme hat a Falke gspäht, ob er ned irgendwas dawischt, druntn unter der glitzernden Schneedeckn. Zwischn weiße Hügl hat ma a Kirchert blitzn sehng und wenn oam oana entgegn komma is, hat ma »Griaß God« gsagt.

Heut is des anders. Zwischen de Hügl siehgt ma an Baumarkt und auf de Felder ham's so ananand bappte Reihenhäuser mit »echt« bayrisch gschnitzte Balkone hibaut und de dritte Generation von mei'm Falkn hockt traurig auf am Maschendrahtzaun. »Griaß God« sagn brauchst a nimmer, weil ja aa koana mehr spaziern geht.

Also i wollt damit de Nichtbayern sagn, dass scho no gern herziang kenna in mei Hoamat. Aber des, was sie moana, was so urbayrisch waar, da dafür sans um a paar Generationen z'spät dro.

I mags, de Nichtbayern, ganz gern sogar. De erinnern mi nämlich immer wieder dro, wia schee und einzigartig dss' is, a nichtiger Bayer zum sei. Und wo ma no de richtign Bayern und des richtig Boarische findt ..., des sag i ned. Des bhalt i für mi selber, weil g'redt is glei!

Wenn der Ober den König sticht – Schafkopfen für Anfänger

Udo Watter

Die Zeit drängt, es ist kurz vor acht. Schorsch, der gerade ein Herz-Solo und dreißig Pfennige an seine Mitspieler verloren hat, will diesen immensen Verlust jedoch wieder wettmachen. Also gut, eins geht noch, sagen sich die vier Buben und ein letztes Mal werden die vierundzwanzig Karten gemischt und ausgeteilt. »Auf die Blaue«, sagt Bernhard. Er erwischt – so viel wird nach dem dritten Stich klar – Schorsch als Partner und gemeinsam gewinnen sie ihr Sauspiel ohne Probleme. Die beiden kassieren zehn Pfennige, und dann rennen die vier Neuntklässler einen Stock tiefer zu den Klassenräumen, wo der Unterricht natürlich schon begonnen hat. Gott sei Dank ist der Griechischlehrer nicht nur ein guter Pädagoge, sondern auch ein gestandener Bayer mit Sinn für Tradition. »Ja, wenn's g'schafkopft habt's, dann ist das in Ordnung«, geht er großzügig über die dreiminütige Verspätung hinweg.

Die Szene, die sich im Schuljahr 1985/86 in einem Regensburger Internat abspielte – und sich damals in ähnlicher Form des Öfteren wiederholte – wäre heute kaum noch möglich. Nicht nur, weil es immer weniger Griechischlehrer gibt, sondern weil die bayerische Jugend sich für das Kartenspiel und Kulturgut »Schafkopfen« offenbar nicht mehr sonderlich interessiert – glaubt man den Untergangsprophetien der regionalen Medien. Gehörte es früher dazu, an der Schule das Karteln zu lernen, und war es besonders für die Dorfbuben ein unerlässlicher Akt der Reifung, im Wirtshaus beim Schafkopfen als Kiebitz zuzuschauen und nach einer Lernphase irgendwann selbst am Holztisch zu mischen, so erliegen die Teenager des Freistaats heutzutage eher den Verlockungen des Internets, der Play-Station oder des iPhone.

Analog zum Rückgang des bayerischen Dialekts gelten vor allem die Städte als Problemzonen, junge Menschen können dort mit Begriffen wie »Wenz«, »Schellen-Solo«, »Abspatzen« oder einer »Spritzn« immer seltener etwas anfangen. Auch wenn es auf dem flachen Land besser ausschaut und Schützenverein oder Freiwillige Feuerwehr häufig noch ihr alljährliches Schafkopfturnier ausrichten, gilt die Tendenz ebenfalls als rückläufig. So kam vor einigen Jahren der Bürgermeister von Breitenbrunn im Altmühltal allein dadurch in die Schlagzeilen, dass er Schafkopf-Seminare anbot. Seine Begründung: »Die jungen Leut' können nicht mehr gscheit spielen.« Auch andernorts gibt es inzwischen ähnliche Seminare, zudem versuchen Kursleiter an der Volkshochschule (»Schafkopfen für Anfänger«), dem Verfall entgegenzuwirken. Dabei spiegelt sich im Schafkopfen ein Teil des bayerischen Wesens wider: Das Spiel erfordert Schläue, sogar eine gewisse Hinterfotzigkeit. Es ist wesentlich komplizierter, als man zu Beginn vielleicht vermuten würde. Es erfordert Kombinationsgabe und ein gutes Gedächtnis. Und der revolutionären Regel, dass Ober und Unter im Normalfall den König stechen, wohnt auch etwas typisch Bayerisches inne: eine Widerborstigkeit nach oben, die stammeseigene Neigung, es den Großkopferten zu zeigen.

In den meisten Regionen Bayerns wird das lange Blatt gespielt, es werden also zweiunddreißig Karten ausgeteilt, in Teilen Ostbayerns, vor allem Oberfrankens und der Oberpfalz, wird das kurze Blatt (vierundzwanzig Karten ohne Siebener und Achter) bevorzugt. Gespielt werden darf nur mit bayerischem Blatt, die Benutzung von französischen Karten, mit denen Schafkopf theoretisch ebenso möglich wäre, würde als Sakrileg angesehen. Ziel ist es, so viele Stiche wie möglich zu machen, um als Spieler von hundertzwanzig möglichen Punkten mindestens einundsechzig zu erlangen. Es gibt diverse Varianten, die Gralshüter des reinen Spiels beschränken sich indes auf Sauspiel, Solo in den vier Farben Eichel, Gras, Herz und Schellen sowie Wenz mit den Untern als höchsten Trümpfen. Beim Sauspiel wissen die Protagonisten zunächst nicht, wer mit wem zusammengehört, was sich aber Geübten durch Kombinationsgabe oder Intuition bald erschließt. Strategisches Können und Erfahrung allein reichen freilich nicht für einen erfolgreichen Abend, ein bisschen Glück ist auch nötig in diesem Wettbewerb der Unwägbarkeiten.

Historisch gesehen liegt der Ursprung ziemlich im Dunkeln. Eine Art Schafkopfen war wohl schon zu Zeiten des Dreißigjährigen Krieges unter Landsknechten bekannt: Das Spiel hat seine Wurzeln im Tarock, das im frühen 15. Jahrhundert entstand, dem L'Hombre und Deutsch-Solo sowie eventuell auch im »Karnöffelspiel« (der »Karnöffel«, der Landsknecht, stach als Karte Kaiser und Papst). Weitere Verwandte sind Skat, Doppelkopf oder Wendisches und Deutsches Schafkopfen. Schafkopf ist vermutlich im letzten Viertel des 18. Jahrhunderts entstanden und war davor unter den Namen Societäts-, Denunciations- und Conversationsspiel verbreitet. Urkundlich erwähnt wurde es erstmalig 1803 in Paul Hammers Buch *Die Deutschen Kartenspiele* (»Schaafkopfen«). Durch die Einführung des Sau- oder Rufspiels im 19. Jahrhundert hat es sich in seiner speziell bayerischen Variante entwickelt. Die ältesten nachgewiesenen Spielregeln lassen sich im Amberger *Schafkopf-Büchlein* von 1895 finden, ein offizielles Regelwerk gibt es seit 1989, eine einheitliche Reglementierung hat zuletzt der Regelausschuss der Münchner Schafkopfschule im Jahr 2007 für Turniere festgelegt.

Um die Herkunft des Namens wird viel gestritten und spekuliert. Theorien, dass in früheren Zeiten auf Deckeln (Köpfen) von Fässern (oberdeutsch Schaff) gespielt (geklopft) wurde und die korrekte Schreibweise somit Schaffkopf wäre, weisen Puristen zurück. Dass es vom Wort »schaffen« kommt, ist ebenfalls unwahrscheinlich. Naheliegender wirkt die Theorie, dass man früher die Spiele mit Kreidestrichen notierte, die sich zum Bild eines Schafskopfs zusammenfügten – man fand solche Kreideskizzen in alten Wirtshäusern. Bayerisch ist nicht nur das Spiel selbst, sondern auch die Sprache. Gelegentlich geht es ganz schön derb zu: Ausdrücke wie »Hundsgvögelte« für die Schellensau oder »Brunzkartler« für den fünften Mann am Tisch, der einspringt, wenn einer der Spieler den Abort aufsucht, sind nichts für zartbesaitete Seelen. Philosophisch gesehen hat das Schafkopfen im klassischen Ambiente ohnehin etwas profund Bayerisches: Man spielt es gewöhnlich an einem bierdunst- und rauchgeschwängerten Ort, der gemütlich und der Zeit enthoben ist. Schafkopfrunden dauern gewöhnlich viele Stunden, wenn nicht die ganze Nacht. Bedenklich in diesem Zusammenhang ist eine Entwicklung, die der Idee von der Liberalitas Bavariae entschieden zuwiderläuft: In zahlreichen Wirtshäusern ist das Schafkopfen nicht mehr erlaubt. Die häufigste Begründung: Die Spieler konsumierten zu wenig und irritierten andere Gäste mit Sprüchen oder lautstarkem Kartengeschmetter.

Gleichwohl wäre es stark übertrieben, einen Abgesang auf das Schafkopfen anzustimmen. Die Faszination des Spiel bleibt ungebrochen, und mancherorts erlebt das Karteln gerade unter Jugendlichen wieder eine Renaissance. Es ist zwar nicht mehr so omnipräsent und stilprägend für das bayerische Leben wie früher, aber dennoch gibt es – Schätzungen von Schafkopfschule.de zufolge – immerhin noch zwischen 1,5 und zwei Millionen Aktive allein im Freistaat, darunter auch zahlreiche Frauen. Interessant, dass mittlerweile auch Internetseiten wie Sauspiel.de häufig genutzt werden. Bei aller Freude über diese Web-Kartler – die meisten Vertreter des klassischen Spiels werden ihr Solo wohl nur spielen, wenn sie den »Oiden« (Eichel-Ober) als höchsten Trumpf auch angemessen auf den schweren Tisch knallen können, um danach das Geld der Gegner einzusammeln und ein frisches Bier zu bestellen.

Augsburgs bleibende Bilder

Hermann Hesse

Der Hotelomnibus in Augsburg setzte mich vor einer gläsernen Drehtüre ab, dahinter klang Teemusik, diese witzige Erfindung des heutigen Menschen, um auch in den paar Augenblicken der Ruhe und Erholung nicht sprechen, nicht aufmerken, nicht denken, nicht zu sich kommen zu müssen. Ich meldete mich, bat um ein Zimmer, ein Boy kam mit mir, rundum war alles sehr modern, Restaurant, Halle, Garderobe. Der Boy fuhr mit mir in den ersten Stock, tat die Lifttüre auf, und plötzlich stand ich in einem geräumigen alten Palazzo, schweigende fürstliche Korridore, hohe mächtige Türen, über jedem ein geschnitztes und bemaltes Wappen, ein feudales Treppenhaus. Eine Tür wurde vor mir aufgetan, ein hohes schönes Zimmer war da, das Fenster ging auf einen grünen Wintergarten. Erfreut nahm ich von dem originellsten und hübschesten Hotel Besitz, das ich je in einer größeren deutschen Stadt angetroffen habe. Das Telefon im Zimmer war das einzige, was mich störte, diese Apparate sind gefährlich. Nun, im Notfall konnte man es abschrauben oder zertrümmern. Zunächst aber machte ich Gebrauch davon und meldete meinem Brotgeber, dass der Artist des Abends angekommen sei. Dann pflegte ich der Ruhe, packte ein wenig aus, zog mich um, ließ mir etwas Milch und Kognak kommen.

Ich hatte den *Simplizissimus* in der Manteltasche und las darin einen von Ringelnatzens Reisebriefen, die ich sehr gern habe; als es dann aber an der Tür klopfte und man kam, um mich zur Vorlesung abzuholen, merkte ich, dass ich eine ganze Weile eingeschlafen war. Es war Nacht und kalt, man brachte mich durch eine breite, stolze Straße in einen Konzertsaal, ich kam diesmal gar nicht recht dazu, die Situation zu empfinden und den gewohnten psychologischen Apparat in Betrieb zu setzen, doch gelang es mir in Bälde, wieder in der Menge ein Gesicht zu angeln, an das ich mich wenden konnte, und so las ich meine Sachen brav daher, trank hie und da einen Schluck vortrefflichen Wassers, und die ganze Veranstaltung war zu Ende, ehe ich eigentlich dazu gekommen war, innerlich gegen sie zu protestieren. Nun, mir konnte das lieb sein. Ich lief in mein Wartezimmer, schlüpfte in den Mantel und zündete eine Zigarre an. Nun kamen die Leute, ich machte mich auf die gewohnten Höflichkeiten gefasst, war im Grunde froh, dass ich niemand in der Stadt kannte – aber da stand schon eine Dame mit roten Backen vor mir, lachte mich an und sagte auf Schwäbisch: »Gell, Sie kenne mich nimmer?« Es war eine Schwarzwälderin, aus meinem Heimatstädtchen, und war mit meinen Schwestern in die Schule gegangen, und hinter ihr erschien ihre Tochter, ein hübsches vergnügtes Mädchen mit ebenfalls blühenden Wangen, und wir lachten und beschlossen, heut noch eine Weile beieinander zu bleiben. Dass ich heut Abend etwas dösig war, merkte ich aber doch bald: Ein Herr legte mir eines meiner Bücher vor mit der Bitte, für seine Frau eine Widmung hineinzuschreiben. Ich hatte soeben an Nürnberg gedacht und dass jetzt zum Glück bloß noch diese eine Stadt zu absolvieren sei, und nun schrieb ich dem Mann etwas in sein Buch und gab es ihm mit freundlichem Lächeln wieder. Er las und reichte es mir zurück: Ich hatte hineingeschrieben »Zur Erinnerung an den Abend in Nürnberg«! Es musste ausradiert und geändert werden. Dann gingen wir in mein Hotel zu einem Glas Wein, und die Calwerin redete von Calw, und wir sprachen alle Calwer durch, an die wir uns noch erinnern konnten, und die Tochter saß dabei und fand uns alte Leute drollig, und plötzlich war auch noch einer aus Neuenbürg dabei, und ich sah, dass ich noch immer mitten in Schwaben saß: Spät ging ich durch das fürstliche Treppenhaus in mein Zimmer hinauf. Eigentlich war es doch eine leichte Sache, sich durch solche Vorlesungen sein Brot zu verdienen. Indessen war es ja nicht das Brot, das mir fehlte, sondern die Luft, und diese Luft, die Luft des Lebenkönnens, der Zufriedenheit, des Glaubens an meinen Beruf und mein Tun, diese Luft wehte auch in Augsburg nicht, mit diesem Honorar wurde auch hier nicht bezahlt. Im Gegenteil (und darum hat Gott die Tenöre und Virtuosen mit diesem genialen Plus an Selbstgefühl ausgestattet), wenn man so als Vortragender für literarische Unterhaltungsabende, als Tenor und Barde durch die Städte zog, so war dies gerade die bestausgesuchte Gelegenheit, um einen eingebildeten, von seiner Wichtigkeit überzeugten Artisten vom Gegenteil, von seiner Entbehrlichkeit, von der völligen Bedeutungslosigkeit seiner Person und seiner Spezialität zu überzeugen. Ob die Leute vom literarischen Verein Thomas Mann hörten oder Gerhart Hauptmann, ob den Baron Münchhausen oder den Tenor Hesse, ob ein Berliner Professor ihnen seinen Vortrag über Homer hielt oder ein Münchener Professor den seinen über Matthias Grünewald, das war alles ganz und gar einerlei, jede dieser Spezialitäten war nur ein Strich im Muster, ein Fädchen im Gewebe, und das Muster hieß Geistesindustrie, und das Gewebe hieß Bildungsbetrieb, und irgendeinen Wert hatte weder das Ganze noch eine der einzelnen Spezialitäten. Herr, lass mich den Humor nicht verlieren, lass mich noch eine kleine Weile leben! Und lass mich mitarbeiten an irgendeinem Werk und Ding, das mehr Sinn, mehr Wert hat als dieser Jahrmarkt! Lass mich als geringsten Diener dazu beitragen, dass Deutschland endlich seine staatlichen Schulen wieder schließt, dass Europa energisch an der Verminderung seiner Geburtenziffern arbeitet! Gebt mir statt dem Geld für diese Vorträge, statt der Ehre, statt den Schmeicheleien ein Maul voll Luft zum Atmen!

Skeptiker versichern, dass noch nie ein Mensch an gebrochenem Herzen gestorben sei. Sie werden auch leugnen, dass ein Literat an Luftmangel sterben könne. Als ob ein Literat nicht alles atmen, nicht aus jedem Gas und jedem Gestank noch ein Feuilleton herausdestillieren könnte.

Am nächsten Tage war hübsches Wetter, und als ich ausging, um mir Augsburg anzusehen, nahm ich wahr, dass heute Markttag sei. Ich habe nie viel Geschichte gelernt, sondern mein Wissen alles aus den Dichtern bezogen, und so wie ich über die Geheimnisse Blaubeurens durch Mörike besser unterrichtet war als selbst die dortigen Professoren, so war ich auf Augsburg durch die Erinnerung an Arnims Kronenwächter, auf Nürnberg durch Wackenroder und E. T. A. Hoffmann aufs Beste vorbereitet. Ich brauche hier nicht zu versichern, dass Augsburg eine sehr schöne Stadt ist. Aber eines traf ich dort an, was mir ganz besonders gefiel und wohltat. Auf dem Wochenmarkt, wo begeisternde Massen von Butter, Käsen, Obst, Würsten und dergleichen zur Schau gelegt waren, fand ich eine ganze Anzahl Bauern, namentlich aber Bauernfrauen, sogar einige Kinder dabei, welche alle noch ihre alte unverfälschte Volkstracht trugen. Der Ersten, die ich sah, wäre ich vor Freude beinah um den Hals gefallen, ich strich ihr lang durch die alten Gassen nach. Kleingeblümte Miederstoffe, originell gebauschte und wieder eingeschnürte Ärmel, witzige Hauben – o wie rief das mir meine Kinderzeit herauf und die Viehmärkte in Calw, wo viele Hunderte von Bauern und Bauernfrauen, alle bis auf den Letzten in ihre Trachten gekleidet, daherkamen und wo man die Bauern der verschiedenen Gaue, der Wald- und der Korngegenden, schon von Weitem genau an der Farbe ihrer Lederhosen erkennen konnte!

Meine letzten Stunden in Augsburg waren die schönsten. Ich hatte Glück in dieser Stadt, und ich hatte ihr gestern Abend sehr unrecht getan, sie mit Nürnberg zu verwechseln: Außer allem Hübschen und Liebenswerten, das mir hier schon entgegenkommen war, fand sich auch noch eine besondere Überraschung ein. Es gab in Augsburg ein Ehepaar, das hatte vor vierzehn Jahren ein Buch von mir gelesen und mir damals geschrieben und hatte seine damals geborene erste Tochter nach einer Figur meines Buches getauft, und jetzt fand dies Ehepaar sich ein und lud mich zu Tisch und gab sich eine liebevolle Mühe, mir erst ein ausgesucht gutes Essen vorzusetzen und mir dann, mit Hilfe eines Wagens, in wenigen Stunden das Wichtigste und Schönste vom alten Augsburg zu zeigen. Wenn es mich auch sehr beschämte, all diese Liebe und Aufmerksamkeit einem Buche zu verdanken, das mir heute unleidlich erschien, gute Stunden sind es dennoch gewesen. Ach, und was für schöne und außerordentliche Dinge bekam ich in dieser Märchenstadt zu sehen! In der Sakristei von Sankt Moritz eine Sammlung alter Messgewänder von einer Üppigkeit, dass man in Rom zu sein meinte, und dicht daneben in einer Kapelle vier sitzende Bischöfe, nicht etwa Holz- oder Steinfiguren, sondern die Leiber, die Mumien selbst, im reichen Ornat. Für mich das Schönste war die eherne Pforte der Kathedrale, ein andrer Anblick aber wurde mir im Innern dieser ehrwürdigen Kirche. Dort sah ich einen Mann von ländlichem Aussehen, mit breitem, blondem Bart, in verschossenes Grün gekleidet, mit einem Rucksack auf dem Rücken. Erst sah ich ihn eintreten, er betrat die Kirche gerade vor mir, dann sah ich ihn suchend durch die mächtige Kirche gehen, und dann hatte er gefunden und kniete vor einer Kapelle nieder, barhäuptig, die Augen auf das Altarbild gerichtet, beide Arme mit offenen flehenden Händen weit ausgebreitet, und betete, betete mit den Augen, mit dem Mund, mit den Knien, mit den ausgestreckten Armen, mit den offenen Händen, betete mit Leib und Seele, blind und taub gegen die Welt, ungestört durch uns gottlose Neugierige im Heiligtum, welche hier romanische Bronze und gotische Glasfenster suchten, statt Gott zu suchen. Dieser betende Mann und die Frauen mit den Bauerntrachten sind die Bilder, die ich in Augsburg für mein innerstes, bleibendes Bilderbuch gewonnen habe, nicht der goldene Saal, nicht die stolzen Brunnen und Bürgerpaläste, nicht die Fuggerei.

Auf der Suche nach dem perfekten Klang – Ein Geigenbauer erzählt

Martin Schleske

Die Alten wussten, wie man die »Sänger« findet. An den reißenden Stellen der Gebirgsflüsse – so berichten die, deren Familien von jeher in der Tradition des Geigenbaus verwurzelt waren – standen ihre Väter und lauschten dem Aneinanderschlagen der Stämme, die sie täglich durch die Fluten hinab ins Tal flößten. Einige der Stämme begannen im Wasser zu schwingen, zu singen, zu klingen. Unter den vielen Stämmen erkannten die Meister so jene besonderen »Sängerstämme« für den Bau ihrer Geigen.

Jahrhunderte zuvor hatten die winzigen Keimlinge der heute mächtigen Stämme im kargen Boden des Bergwalds nach Wasser gesucht und waren im Laufe der Zeit zu stattlichen Bäumen herangewachsen. Für den Geigenbauer ist der enge Baumbestand in den Hochlagen eine Gnade, denn er lässt die Grünastkronen der aufrechten Bergfichten erst sehr weit oben beginnen. So formen die Bäume ihre astfreien, gut vierzig oder fünfzig Meter hohen, stolzen Stämme. Für die akustischen Resonanzplatten im Musikinstrumentenbau ist ihr Holz allen anderen natürlichen Materialien weit überlegen.

Was hier über zwei oder drei Jahrhunderte hinweg langsam wuchs, hat nichts mit den üblichen weitjährigen Fichten gemein, die in den Niederungen wachsen. Diese sind schnell in die Höhe geschossen, und ihre Zellwände sind darum nicht belastbar. Im milden Klima haben sie breite Jahresringe und bis spät in den Herbst hinein ihr schweres Spätholz gebildet. Ihre Zellen sind dickwandig und kurzfaserig. Der hohe Spätholzanteil verdirbt den Klang, und ihre Äste reichen im Stamm bis weit nach unten. Da findet das Charisma der Geige – ihr Klang – keine Substanz.

Ganz anders ist es mit den Giganten der Gebirge, von denen ich nun schreiben will. Diese Bergfichten werfen im Laufe ihres langsamen Wachstums ihre unteren Äste ab. In den dunklen Bergwäldern strecken sie ihre Grünastkronen nach oben, dem Licht entgegen. Ihre unteren Äste sterben ab, denn ihre Nadeln erreichen nicht mehr das Licht. Doch dadurch wächst im lang gestreckten Stamm die für den Geigenbau notwendige astfreie Substanz heran. Auch wenn der Boden und das raue Klima knapp unterhalb der Baumgrenze für die Bergfichten zur harten Herausforderung werden – dem Klang wird es zum Segen. Denn durch die »Krise« des mageren Bodens erlangen sie eine große Festigkeit. In dieser Substanz liegt die Berufung zum Klang.

Wann immer man sich im Gebirgswald auf die Suche nach solchen »Sängerstämmen« macht, entwickeln sich unvergessliche Abenteuer. Wie oft klopfte ich mit der stumpfen Seite der Axt die einzelnen Stämme an, spürte ihr Schwingen, hörte ihren Klang. Das Herz des Geigenbauers lebt auf, wenn er mit all seinen Sinnen nach dem Holz für die eigenen Geigen sucht.

Vor vielen Jahren – es war kurz nach meiner Lehrzeit in Mittenwald – brach ich mit einem Geigenbauerfreund in den Stuibenwald der Garmischer Alpen auf. Es war ein dunkler, bewölkter, kalter Wintertag. Nach vielen Stunden anstrengenden Bergmarsches mussten wir am Ende die gebahnten Wege verlassen und konnten uns nur noch durch kniehohen Schnee zu jenem Ort durchkämpfen, von dem wir bis dahin nur gerüchteweise gehört hatten: Es war ein Windbruch. Ein Teil des Hanges an der Baumgrenze war von einem starken Sturm heimgesucht worden. Als wir schließlich völlig erschöpft dort oben ankamen, waren wir schockiert. Unzählige gewaltige Fichten – gut bis zu siebzig Zentimeter im Durchmesser, dreißig bis vierzig Meter lang – lagen entwurzelt oder gebrochen kreuz und quer im Steilhang des Windbruchs. Doch dann riss die Wolkendecke auf, und die Sonne warf ihr Licht auf die weißlichen Stammquerschnitte, die jetzt offen und erhellt vor uns lagen. Der Verlauf der Jahresringe war überwältigend. Euphorisch boxten Andreas und ich uns gegenseitig an die Schulter: dieser Wuchs, diese Regelmäßigkeit, die Feinheit ihrer Jahre! Da wurden Klangholzqualitäten beleuchtet, wie wir sie selten zuvor gesehen hatten. Sorgfältig inspizierten wir alles und traten dann beflügelt den Heimweg an. Wir stürzten uns wie junge Gämsen regelrecht den Berg hinunter, um möglichst noch am Abend des gleichen Tages das Forstamt zu erreichen und uns diesen Fund zu sichern. Als wir schmutzig, verschwitzt und überglücklich dort ankamen, wollte der Revierbeamte nicht glauben, dass wir tatsächlich zu dieser Jahreszeit dort oben gewesen waren. Wir hatten uns nicht erlaubt, die Schneeschmelze abzuwarten, denn natürlich hatten auch andere Geigenbauer von diesem Windbruch erfahren. Wir mussten also schneller sein. Wir waren besorgt, dass uns dieses außergewöhnliche Klangholz hätte abspenstig gemacht werden können, wenn wir auf die Schneeschmelze gewartet hätten.

Wir erhielten die Erlaubnis, in dem Windbruch Stämme zu schneiden. Wenige Tage später waren wir wieder mit Rucksäcken und Proviant, diesmal aber auch mit einer Kettensäge und zwei »Zappis« (das sind spezielle Holzfällerwerkzeuge mit langen Haken, die es erlauben, die Baumstämme zu führen) auf dem Weg nach oben. Angesichts der überwältigenden Ausmaße der Stämme kamen wir uns vor wie zwei Blattläuse auf einem Berg von Mikadostäben. Außer der Säge hatten wir keine weiteren Hilfsmittel, keine Seilwinden, keine Flaschenzüge. Wir waren blutige Anfänger, aber fest entschlossen, unter all diesen Stämmen das beste Holz zu gewinnen. Beim Sägen mussten wir äußerst wachsam und überlegt vorgehen, denn es bestand natürlich stets die Gefahr, dass sich die gigantischen Mikadostäbe unkontrolliert in Bewegung setzten und uns, befreit von der Last eines anderen Stammes, wie ein Katapult entgegenschleuderten. Unsere Arbeitsweise war leichtsinnig und gefährlich. Das muss man rückblickend sagen.

Die freigelegten Stücke mussten nun in einem zweiten Schritt auf den gut zweihundert Meter tiefer gelegenen Ziehweg gebracht werden. Auch dafür fehlte uns das Werkzeug. So legten wir uns auf den Rücken und stemmten mit äußerster Beinkraft gegen die freigesägten Stammabschnitte, bis diese ins Rollen kamen. Sie sollten über den felsigen Berghang hinabstürzen und sich in einer günstig gelegenen Felsspalte unten verkeilen und so zum Liegen kommen. Der erste Stammabschnitt, wenngleich gut eine viertel Tonne schwer, erwies sich als zu klein. Er ließ uns vor Schreck erstarren, denn er sprang über die Felsspalte hinaus, die wir ihm zugedacht hatten, und stürzte in weiten Sprüngen ins Tal. (Glücklicherweise kam niemand zu Schaden.) Wir erkannten, dass wir größere Abschnitte sägen mussten, denn nur diese würden sich vor Erreichen des Ziehweges in jener Felsspalte verkeilen. Es gelang, und die Stämme türmten sich bald zwischen den beiden Felsen auf. Von dort konnten wir sie auf den Ziehweg rollen.

Die Art, wie die Stammabschnitte den Steilhang bis zu jener Spalte hinabstürzten, erwies sich als eine faszinierende akustische Erfahrung. Naturgemäß schlugen sie in großen Sprüngen immer wieder auf den Felsplatten auf. Die kraftvollen Töne, die das auslöste, hallten durch das ganze Tal. Zu unserem Erstaunen waren die Klangunterschiede aber überaus groß. Einer der drei Stämme – wir hatten vielleicht acht oder zehn je knapp zwei Meter lange Stammabschnitte ein und derselben Fichte zurechtgesägt – klang bei jedem Aufprall wie ein Glockenschlag. Es war ein Schall, der nicht mehr ausschwingen wollte, klar und frei und hell im Ton. Die Abschnitte der beiden anderen Stämme gaben beim Aufprall nur einen dumpfen, hölzernen Ton ab. Nicht so dieser eine Stamm – er war ein Sänger! Da begriffen wir, was die Vätergenerationen gemeint hatten, wenn sie im Geigenbau von jeher die Stämme in »Sänger« und »Nichtsänger« zu unterscheiden gewusst hatten. Als wir die Stämme dann über den Ziehweg rollten, bestätigte sich diese klangliche Erfahrung. Die Stammabschnitte des Sängers rauschten! Bei ihnen entstand während des Rollens auf dem Schotterweg ein satter, rauschender Ton! Die Nichtsänger dagegen blieben fast stumm.

Alles in allem hatten wir wohl gut zwölf Stunden gearbeitet, waren zu Tode erschöpft und doch zugleich überglücklich. Die Stammabschnitte waren an ihre Stelle gebracht und mit unserm Zeichen versehen. Damit gehörten sie uns. Nach der Schneeschmelze, in zwei oder drei Monaten, würden wir unseren gewaltigen Fund ins Tal hinabfahren, um ihn in das Sammelbecken des Sägewerkes zu flößen.

Reise durch Schwaben

Michel de Montaigne

Montag, den 10. Oktober 1580, stand eigentlich Ravensburg auf dem Reiseplan, aber Herr de Montaigne entschied sich, verlockt durch das schöne Wetter, ihn zu ändern und die Stadt Lindau zu besuchen; dass ihn der Umweg einen Tag kostete, nahm er in Kauf. Wir zogen gleich nach dem Frühstück los. Das heißt, so richtig gefrühstückt hat Herr de Montaigne eigentlich nie: Meistens ließ er sich nur ein Stück trockenes Brot bringen und verzehrte es dann unterwegs; manchmal aß er noch Trauben dazu, wenn er welche bekommen konnte. Hier gelang ihm dies ohne Schwierigkeit: Die Gegend ist voller Rebstöcke, auch um Lindau herum, und die Weinbauern waren gerade mitten in der Lese. Die rankenden Gewächse ziehen sie an Spalieren hoch, zwischen denen üppig begrünte Laubengänge verlaufen, die dem Auge wohlgefallen.

Den Bodensee sahen wir wieder in Buchhorn. Die Stadt ist kaiserlich, also katholisch, und ein wichtiger Umschlaghafen. Hier werden die aus Ulm, Nürnberg und anderen Orten herangekarrten Waren verladen und dann quer über den See auf den Rheinweg gebracht.

Gegen drei Uhr nachmittags erreichten wir Lindau, drei Meilen. Die kleine Stadt ist rings von Wasser umschlossen, denn sie liegt auf einer Insel hundert Schritt weit im See. Den einzigen Zugang bildet eine Steinbrücke. Jenseits erheben sich die Graubündner Berge. Der See, hier eine gute Meile breit, hat, wie auch alle seine Zuflüsse, im Winter niedrigen, im Sommer jedoch wegen der Schneeschmelze hohen Pegelstand.

Die Frauen tragen Hüte oder besser Mützen mit Pelzverbrämung: außen edleres Fellwerk, etwa Reh, innen Lamm. Solche Mützen kosten nicht mehr als drei Testons. Sie ähneln unseren Kalotten, doch haben die hiesigen Mützen ihre offene Seite nicht vorn, sondern hinten, sodass die geflochtenen Haare der Frauen fast vollständig frei liegen. Sie ziehen auch gern rote oder weiße Stiefelchen an, die sie durchaus kleiden.

Beide Konfessionen bestehen hier nebeneinander. Wir besichtigten die 866 erbaute katholische Kirche und stellten fest, dass darin alles heil geblieben war. Auch die protestantische besuchten wir. Die Reichsstädte gewähren grundsätzlich Religionsfreiheit; die Bürger entscheiden selbst, ob sie katholisch oder evangelisch sein wollen, und praktizieren den gewählten Glauben dann mehr oder minder eifrig. In Lindau gibt es nur zwei, drei Katholiken, wie der Pfarrer Herrn de Montaigne sagte. Dennoch beziehen die katholischen Geistlichen nach wie vor Einkünfte von der Stadt und verrichten weiter ihren Gottesdienst; das gleiche gilt für die Lindauer Nonnen.

Herr de Montaigne sprach auch mit dem lutherischen Pastor, von dem er allerdings nichts zu hören bekam außer den üblichen Hasstiraden gegen Zwingli und Calvin. Tatsächlich pflegt hier, so erfuhren wir, fast jede lutherische Stadtgemeinde eine eigene Variante ihres Bekenntnisses; zwar erkennen sie alle Martin Luther als oberste Autorität an, streiten sich aber immer wieder heftig darum, wie seine Schriften auszulegen seien.

Wir wohnten in der »Krone«, einem hübschen Gasthaus. In die Täfelung des Speisesaals war eine Art Käfig gelassen, der einer großen Zahl Vögel Platz bot. Quer durch den Bauer hatte man Hängestege aus Messingdrähten installiert und so hergerichtet, dass die Tiere darauf von der einen Seite des Saales zur anderen spazieren konnten. Für Möbel und Täfelung verwendet man hier nur das Holz der Tanne, des in den hiesigen Wäldern häufigsten Baumes. Aber sie beizen, lasieren und polieren es sorgfältig; sie haben sogar besondere Haarbesen, mit denen sie Bänke und Tische entstauben.

Überall zieht man Kohl; das weitaus meiste davon wird konserviert. Hierzu zerkleinert man die Köpfe mit einem besonderen Hobel, füllt das Geschnittene in Fässer, salzt es ein und lässt es gären. Das so gewonnene Sauerkraut verwendet man dann den ganzen Winter über für Suppen und andere Topfgerichte.

Herr de Montaigne erkundete auch die Schlafgebräuche. So deckte er sich einmal nach Landessitte mit einem Federbett zu, das er anschließend sehr lobte, denn es sei warm und doch leicht. Empfindliche Leute könnten höchstens, meinte er, die Lagerstatt als solche bemängeln; wenn man jedoch eine Matratze – dort unbekannt – und einen Vorhang mit sich führe, werde man keinen Anlass zur Unzufriedenheit mehr haben, denn alles übrige in den Logierhäusern jener Gegend sei bestens, namentlich die äußerst freigiebige Bewirtung.

Man bietet eine reichhaltige Küche; besonders beeindruckte uns die Vielfalt an Suppen, Saucen und Salaten, die bei uns nicht ihresgleichen hat. So bekamen wir etwa Suppen mit Quitten oder gebackenen Apfelringen, die auf der Brühe schwammen, dazu Weißkrautsalat. Ferner gab es Bouillon mit Reis statt Brotbrocken als Einlage. Grundsätzlich bedienen sich die Gäste aus dem Topf; Einzelgedecke erhält man nicht. Alles, was die guten Gasthäuser jenes Landstrichs darreichen, ist von solchem Wohlgeschmack, dass laut Herrn de Montaigne die Küche des französischen Adels kaum mithalten kann. Auch finde man in unseren Schlössern selten so reizvoll ausgestattete Speisesäle.

Die Gegend ist reich an guten Fischen; man serviert sie innerhalb eines Ganges zusammen mit Fleisch. Aalrutten schätzt man freilich gar nicht; man isst nur ihre Leber. Auch Wild gibt es jede Menge, Schnepfen etwa oder junge Hasen; man bereitet es ganz anders zu als bei uns, aber darum nicht schlechter. Wir haben nie so zartes Fleisch gegessen, wie es dort täglich serviert wird. Die Speisenfolge variiert: Bald trägt man den Braten zuerst und die Suppe zuletzt auf, bald umgekehrt. Als Beilage erhält der Gast Pflaumenkompott, Birnen- und Apfeltörtchen. Auch Brot stellt man ihm hin, in das meist Fenchel eingebacken ist und auf das er noch zusätzlich zerstoßene Gewürze streut. Diese entnimmt er einem silbernen oder zinnernen Ständer mit vier Kästchen, die pikante bis brennendscharfe Spezereien enthalten, unter anderem Kümmel. Die Schlussgänge bestehen aus Früchten, Nüssen und Käse; beim Frischobst hat man zwar nur die Wahl zwischen Birnen und Äpfeln, diese allerdings sind köstlich. Nach der Mahlzeit werden nochmals volle Gläser Wein gebracht und zwei, drei Kleinigkeiten, die den Durst fördern sollen.

Herr de Montaigne musste sich auf seiner Reise drei Versäumnisse eingestehen. Erstens: Er hatte keinen Koch mitgenommen; dieser hätte die hiesigen Gerichte studieren und sie ihm später vielleicht, wenn man wieder zu Hause saß, selbst bereiten können. Zweitens: Er hatte keinen deutschen Diener engagiert oder die Gesellschaft eines einheimischen Adligen gesucht; nun war er den Launen irgendwelcher schafsköpfigen Fremdenführer ausgeliefert, und das empfand er als höchst unangenehm. Drittens: Er hatte vor Antritt der Reise keines der Bücher konsultiert, die ihn auf die Sehenswürdigkeiten eines Ortes hätten hinweisen können; nicht einmal Münsters Kosmographie oder ein ähnliches Orientierungswerk hatte er eingesteckt.

Insgesamt fand Herr de Montaigne, dass es sich in dem

Land, das er bereiste, besser und behaglicher leben ließ als in jenem, aus dem er kam. Eine Meinung, die nicht verwundert, weil er damals rundweg alles an seinem eigenen Land leidenschaftlich verachtete, verabscheute, ja hasste – freilich wegen Dingen, die mit den hier bewerteten nichts zu tun hatten, weshalb festzuhalten bleibt, dass Herr de Montaigne wohl auch ohne jenen Hintergrund zu dem positiven Urteil gelangt wäre. Die Sitten und Gebräuche des fremden Landes gefielen ihm einfach, und er passte sich ihnen an, wobei er gar so weit ging, kein Wasser mehr in seinen Wein zu gießen. Wurde er jedoch zum Wetttrinken gebeten, lehnte er stets ab, was niemanden kränkte, denn die entsprechende Einladung war bloß eine formale Höflichkeitsgeste. …

Wir gelangten also abends nach Kempten, einer Stadt etwa so groß wie Sainte-Foy-la-Grande, sehr hübsch, mit hoher Einwohnerzahl und schönen Gasthöfen. Wir stiegen ab im »Bären«, einem ausgezeichneten Haus.

Dort stellte man uns Silbergefäße verschiedenster Art auf den Tisch, reich ziseliert und mit Adelswappen versehen, wie man sie selbst in vornehmen Häusern kaum findet. Eigentlich dienen sie nur zur Zierde; die Einheimischen selbst gebrauchen sie jedenfalls nie zum Speisen. Was Herr de Montaigne schon in Basel über fremde Tafelgebräuche festgestellt hatte, bestätigte sich hier: Wenn andere Völker im Gegensatz zu uns solch kostbare Dinge nicht verwenden, dann darum, weil ihnen der praktische Nutzen nicht einleuchtet. Denn obwohl die Leute jede Menge Zinngeschirr besitzen, blankgeputzt wie auf Schloss Montaigne, nehmen sie zum Servieren nur Holzteller, die allerdings sehr schön anzusehen und blitzsauber sind.

Überall im Land bekommt der Gast, bevor er sich irgendwo niederlässt, Kissen hingelegt. Die getäfelten Decken sind meist halbmondförmig gewölbt: nicht ohne Reiz. Was die Wäsche für Tisch und Zimmer betraf, so fanden wir sie anfangs etwas knapp zugeteilt; kaum hatten wir dies reklamiert, mussten wir in der Hinsicht keinen Mangel mehr leiden. Auch hatte ich immer genügend Stoff, um Bettvorhänge für meinen Herrn zu fertigen. Und wenn diesem an der Tafel eine Serviette nicht mehr genügte, wurde ihm jedesmal gleich eine frische gereicht.

Es gibt am Ort einen Kaufmann, der mit Leinen im Werte von hunderttausend Gulden handelt. Von Konstanz aus wäre Herr de Montaigne gern einmal kurz in jenen Schweizer Kanton gereist, aus dem die ganze Christenheit dieses Tuch bezieht; doch hätte das Übersetzen nach Lindau dann vier bis fünf Stunden gedauert.

Die Stadt ist lutherisch. Dennoch begeht die katholische Kirche wie in Isny auch hier ihre Gottesdienste nach wie vor in aller Feierlichkeit. So wurde am Morgen nach unserer Ankunft – es war Donnerstag, also ein Werktag – in der Abtei oberhalb der Stadt die Messe zelebriert wie an Ostern in Notre-Dame zu Paris, mit Orgel und Gesang. Allerdings wohnten nur die Mönche bei. Feiertags jedoch kommt auch das Volk. In den nicht reichsunmittelbaren Städten haben die Menschen ja nicht die Freiheit, ihr Bekenntnis zu wechseln, und müssen, um einen Gottesdienst ihrer Religion zu besuchen, weitere Wege in Kauf nehmen.

Die Abtei bietet einen wunderschönen Anblick. Sie ist Fürstentum, und ihr Abt, Spross des Hauses von Stein, bezieht hieraus fünfzigtausend Gulden Einkunft. Auch Mönch kann nur werden, wer adelige Abstammung nachweist. Hildegard, die dritte Gemahlin Karls des Großen, gründete das Kloster 783. Sie liegt dort begraben und wird verehrt wie eine Heilige. Ihre Gebeine ruhten ursprünglich in einer Gruft, wurden aber später in einen Reliquienschrein gelegt.

Am selben Donnerstagmorgen besuchte Herr de Montaigne die protestantische Kirche, die so eingerichtet war, wie man es von den Gotteshäusern der lutherischen und der hugenottischen Sekte eben gewohnt ist, nur dass vor dem Altar ganz am Ende des Schiffes Holzbänke standen, die unten Stützen hatten, auf die sich die Gläubigen gemäß dem Brauch ihrer Konfession hinknien können.

In dieser Kirche sah Herr de Montaigne zwei ältere Geistliche. Der eine hielt vor einer nicht eben großen Gemeinde eine Predigt in Deutsch. Als er geendet hatte, sangen die Leute einen Psalm, auch in Deutsch; es klang etwas anders als bei uns. Auf jeden Vers antwortete die Orgel – ein sehr schönes Instrument, erst kürzlich dort eingebaut. Jedesmal, wenn der Priester den Namen Jesu Christ aussprach, entblößte er sein Haupt, und die Gemeinde tat desgleichen.

Nach der Predigt ging der andere Geistliche mit einem Buch in der Hand zum Altar und wandte sein Gesicht der Gemeinde zu. Nun trat eine junge Frau heran, barhäuptig und mit offenem Haar, machte nach Landessitte dem Priester eine Reverenz und blieb eine Weile allein vor ihm stehen. Schließlich kam ein junger Mann – ein Handwerker, doch mit Degen an der Seite – und stellte sich neben die junge Frau. Der Geistliche sagte beiden ein paar Worte ins Ohr und ließ sie nacheinander das Vaterunser sprechen. Dann las er aus dem Buch die Verhaltensregeln für Eheleute vor. Anschließend durften die beiden sich flüchtig umarmen, ohne sich zu küssen.

Der Priester wollte sich schon entfernen, da sprach Herr de Montaigne ihn an. Die beiden hatten noch in der Kirche eine längere Unterredung. Anschließend lud der Geistliche, der sich als Johannes Tilianus Augustanus vorstellte, Herrn de Montaigne zu sich nach Hause ins wohleingerichtete Studierzimmer. Dort bat dieser um ein lateinisches Exemplar der Augsburger Konfession, die ursprünglich, da von Protestanten verfasst und von allen ihnen anhängenden Gelehrten und Fürsten unterzeichnet, nur in Deutsch erschienen war.

Auf der anderen Straßenseite erklangen Geigen und Trommeln, welche die Frischvermählten begrüßten, die gerade aus der Kirche kamen. Dies veranlasste Herrn de Montaigne zu der Frage, ob die Lutheraner denn das Tanzen erlaubten, gab sein Gesprächspartner die Antwort: »Warum nicht?« Herr de Montaigne fragte weiter: Warum hätten sie auf die Glasfenster und auf das Gehäuse der neuen Orgel Darstellungen Jesu Christi und andere Bilder malen lassen? – »Bilder, die den Menschen zur Belehrung dienen, verbieten wir nicht. Man darf sie nur eben nicht anbeten.« – Warum habe man dann die alten Bilder aus den Kirchen entfernt? – »Das waren nicht wir, sondern unsere sauberen Schüler, die Zwinglianer. Der böse Geist hat sie getrieben, diese und noch andere Verheerungen anzurichten, bevor wir auf den Plan traten.« – Ähnliche Antworten hatte Herr de Montaigne schon von anderen Lutheranern vernommen. Als er etwa den Isnyer Doktor fragte, ob er denn das Kruzifix hasse, das doch eine bildliche Darstellung sei, brach dieser los: »Wie könnte ich so gottlos sein und eine den Christen so beseligende und glorienstrahlende Gestalt hassen! Das wäre eine geradezu teuflische Haltung!« Beim Essen erklärte er dann sogar völlig ungehemmt, er würde lieber hundert katholische Messen hören als an auch nur einem calvinistischen Abendmahl teilnehmen.

Wir aßen an besagtem Donnerstag in Kempten, das an der Iller liegt, noch zu Mittag; es gab weiße Hasen. Dann zogen wir über einen kahlen Gebirgsweg weiter, bis wir abends unsere nächste Station erreichten: Pfronten, vier Meilen, dem Erzherzog von Österreich zu eigen, also katholisch, wie übrigens die ganze Gegend.

Zum Kapitel über Lindau wäre nachzutragen: Am Stadteingang steht eine große Mauer, die aus antiker Zeit zu stammen scheint. Leider entdeckte ich nirgends eine Inschrift. Wenn ich recht begriffen habe, nennen die Deutschen sie »Alte Mauer«, was man mir mit ihrem römischen Ursprung erklärte.

Unsere Unterkunft in Pfronten war zwar eher dürftig, dennoch wurde uns Freitagmorgen ein ausgiebiges Frühstück serviert. Den bei uns gepflegten Brauch, vorm Schlafengehen das Bettzeug und vorm Aufstehen die Kleider zu wärmen, kennt man dortzulande gar nicht, und die Wirte nehmen es übel, wenn man zu jenem Zweck die Küche betritt und Feuer entzünden oder das schon brennende benutzen will. Wenn es in den Gasthöfen zwischen uns und den Betreibern zu Streitigkeiten kam, war meist diese Misslichkeit der Auslöser. Auch in Pfronten verhielt es sich nicht anders. Zwar liegt der Ort inmitten dicht bewaldeter Berge, und zehntausend Fuß Tannenholz kosten daselbst kaum fünfzig Sous – und doch verbot man uns nicht minder, Feuer zu machen.

Noch am selben Freitagvormittag reisten wir weiter. Wir verließen den Bergpfad, der uns geradewegs nach Trient hätte führen sollen, und wandten uns nach links, wo man wieder etwas bequemer fuhr. Der Richtungswechsel geschah, weil Herr de Montaigne nun doch einen Umweg von mehreren Tagen nehmen wollte, der ihm erlaubte, noch ein paar schöne deutsche Städte zu besichtigen. Er hatte dies von Anfang an vorgehabt, nach dem Unfall in Wangen den Abstecherplan jedoch aufgegeben, was er inzwischen bereute.

Unterwegs sahen wir wieder einige Wassermühlen. Sie werden aus einer einzigen hölzernen Rinne gespeist, die zu Füßen einer Anhöhe beginnt und dann stelzengestützt eine gewisse Strecke abwärts führt. Zum unteren Ende hin wird die Neigung der Rinne steiler, sodass das Wasser in dichter Flut auf das Rad abläuft.

Um die Mittagszeit gelangten wir nach Füssen, eine Meile entfernt, einer kleinen katholischen Stadt, die dem Bischof von Augsburg gehört. Dort begegneten wir vielen Leuten aus dem Gefolge des Erzherzogs von Österreich, der gerade in einem nahe gelegenen Schloss den Herzog von Bayern besuchte.

Am Ufer des Lechs verfrachteten wir unser Gepäck auf ein sogenanntes Floß, ein flaches Wasserfahrzeug aus zusammengebundenen Baumstämmen, deren Holz sich während der Liegezeit im Hafen dehnt. Es sollte uns später – das heißt: die Herren und den Tross; man reiste zwischendurch immer wieder einmal getrennt – nach Augsburg bringen.

In Füssen besuchten sie die Benediktinerabtei Sankt Mang, wo man den Herren einen Reliquienschrein mit Kelch und Stola des Namenspatrons zeigte, eines Heiligen namens Magnus. Wie verlautet, war er Sohn eines schottischen Königs und Schüler des bedeutsamen Missionars Kolumban. Diesem Magnus zu Ehren gründete Pippin das Kloster und setzte ihn als ersten Abt ein. Oben im Kirchenschiff stehen folgende Worte: *Comperta virtute beati Magni fama, Pipinus princeps locum quem sanctus incoluit regia largitate donavit* (»Nachdem er von der vielgerühmten Tugend des seligen Magnus erfahren, bedachte König Pippin den Ort, da der Heilige gelebt, mit reichen königlichen Gaben«). Darüber sind Noten angebracht, welche den Text in Musik setzen. Nicht nur Pippin, sondern auch Karl der Große beschenkte das Kloster reichlich, wovon eine weitere Inschrift Zeugnis gibt.

Auf dem Weg in den Süden

Johann Wolfgang von Goethe

Es scheint, mein Schutzgeist sagt Amen zu meinem Credo, und ich danke ihm, der mich an einem so schönen Tage hierher geführt hat. Der letzte Postillon sagte mit vergnüglichem Ausruf: Es sei der erste im ganzen Sommer. Ich nähre meinen stillen Aberglauben, dass es so fortgehen soll, doch müssen mir die Freunde verzeihen, wenn wieder von Luft und Wolken die Rede ist.

Als ich um fünf Uhr von München wegfuhr, hatte sich der Himmel aufgeklärt. An den Tiroler Bergen standen die Wolken in ungeheuern Massen fest. Die Streifen der untern Regionen bewegten sich auch nicht. Der Weg geht auf den Höhen, wo man unten die Isar fließen sieht, über zusammengeschwemmte Kieshügel hin. Hier wird uns die Arbeit der Strömungen des uralten Meeres fasslich. In manchem Granitgeschiebe fand ich Geschwister und Verwandte meiner Kabinetsstücke, die ich Knebeln verdanke.

Die Nebel des Flusses und der Wiesen wehrten sich eine Weile, endlich wurden auch diese aufgezehrt. Zwischen gedachten Kieshügeln, die man sich mehrere Stunden weit und breit denken muss, das schönste fruchtbarste Erdreich wie im Tale des Regenflusses. Nun muss man wieder an die Isar und sieht einen Durchschnitt und Abhang der Kieshügel, wohl hundertundfünfzig Fuß hoch. Ich gelangte nach Wolfratshausen und erreichte den achtundvierzigsten Grad. Die Sonne brannte heftig, niemand traut dem schönen Wetter, und schreit über das Böse des vergehenden Jahres, man jammert, dass der große Gott gar keine Anstalt machen will.

Nun ging mir eine neue Welt auf. Ich näherte mich den Gebirgen, die sich nach und nach entwickelten.

Benedict Bayern liegt köstlich und überrascht beim ersten Anblick. In einer fruchtbaren Fläche ein lang und breites weißes Gebäude und ein breiter hoher Felsrücken dahinter. Nun geht es hinauf zum Kochelsee; noch höher ins Gebirge zum Walchsee. Hier begrüßte ich die ersten beschneiten Gipfel, und auf meine Verwunderung, schon so nahe bei den Schneebergen zu sein, vernahm ich, dass es gestern in dieser Gegend gedonnert, geblitzt und auf den Bergen geschneit habe. Aus diesen Meteoren wollte man Hoffnung zu besserem Wetter schöpfen, und aus dem ersten Schnee eine Umwandlung der Atmosphäre vermuten. Die Felsklippen, die mich umgeben, sind alle Kalk, von dem ältesten, der noch keine Versteinerungen enthält. Diese Kalkgebirge gehen in ungeheuren ununterbrochenen Reihen von Dalmatien bis an den St. Gotthard und weiter fort. Haquet hat einen großen Teil der Kette bereist. Sie lehnen sich an das quarz- und tonreiche Urgebirge.

Nach Wallensee gelangte ich um halb fünf. Etwa eine Stunde von dem Orte begegnete mir ein artiges Abenteuer: Ein Harfner mit seiner Tochter, einem Mädchen von eilf Jahren, gingen vor mir her und baten mich, das Kind einzunehmen. Er trug das Instrument weiter, ich ließ sie zu mir sitzen, und sie stellte eine große neue Schachtel sorgfältig zu ihren Füßen. Ein artiges ausgebildetes Geschöpf, in der Welt schon ziemlich bewandert. Nach Maria Einsiedel war sie mit ihrer Mutter zu Fuß gewallfahrtet, und beide wollten eben die größere Reise nach St. Jago von Compostell antreten, als die Mutter mit Tode abging und ihr Gelübde nicht erfüllen sollte. Man könne in der Verehrung der Mutter Gottes nie zu viel tun, meinte sie. Nach einem großen Brande habe sie selbst gesehen, ein ganzes Haus niedergebrannt bis auf die untersten Mauern, und über der Türe, hinter einem Glase, das Mutter Gottesbild, Glas und Bild unversehrt, welches denn doch ein augenscheinliches Wunder sei. All ihre Reisen habe sie zu Fuße gemacht; zuletzt in München vor dem Kurfürsten gespielt, und sich überhaupt vor einundzwanzig fürstlichen Personen hören lassen. Sie unterhielt mich recht gut. Hübsche große braune Augen, eine eigensinnige Stirn, die sich manchmal ein wenig hinaufwärts faltete. Wenn sie sprach, war sie angenehm und natürlich, besonders wenn sie kindisch laut lachte; hingegen wenn sie schwieg, schien sie etwas bedeuten zu wollen und machte mit der Oberlippe eine fatale Miene. Ich sprach sehr viel mit ihr durch, sie war überall zu Hause und merkte gut auf die Gegenstände. So fragte sie mich einmal, was das für ein Baum sei? Es war ein schöner großer Ahorn, der erste, der mir auf der ganzen Reise zu Gesichte kam. Den hatte sie doch gleich bemerkt, und freute sich, da mehrere nach und nach erschienen, dass sie auch diesen Baum unterscheiden könne. Sie gehe, sagte sie, nach Bozen auf die Messe, wo ich doch wahrscheinlich auch hinzöge. Wenn sie mich dort anträfe, müsse ich ihr einen Jahrmarkt kaufen, welches ich ihr denn auch versprach. Dort wolle sie auch ihre neue Haube aufsetzen, die sie sich in München von ihrem Verdienst habe machen lassen. Sie wolle mir solche in Voraus zeigen. Nun eröffnete sie die Schachtel, und ich musste mich des reichgestickten und wohlbebänderten Kopfschmuckes mit ihr erfreuen.

Über eine andere frohe Aussicht vergnügten wir uns gleichfalls zusammen. Sie versicherte nämlich, dass es gut Wetter gäbe. Sie trügen ihren Barometer mit sich, und das sei die Harfe. Wenn sich der Diskant hinaufstimme, so gäbe es gutes Wetter, und das habe er heute getan. Ich ergriff das Omen, und wir schieden im besten Humor in der Hoffnung eines baldigen Wiedersehns.

Eine Skitour in den Bergen Oberbayerns

Werner Heisenberg

In den Bergen oberhalb des Dorfes Bayrischzell auf der Steilen Alm am Südhang des Großen Traithen stand mir eine Skihütte zur Verfügung. Sie war früher einmal von meinen Freunden aus des Jugendbewegung wieder-aufgebaut worden, nachdem eine Lawine sie halb zerstört hatte. Der Vater eines Kameraden, ein Holzhändler, hatte Holz und Werkzeug gestiftet, der Bauer, dem die Hütte gehörte, das Baumaterial im Sommer auf die Alm gefahren, und im Lauf einiger schöner Herbstwochen war durch die Arbeit meiner Freunde ein neues Dach entstanden, die Fensterläden waren repariert und im Inneren eine Schlafstelle hergerichtet. Im Winter durften wir dafür regelmäßig die Alm als Skiunterkunft benutzen, und für die Osterferien 1933 hatte ich Niels und seinen Sohn Christian, Felix Bloch und Carl Friedrich zu einem Skiurlaub auf die Hütte eingeladen. Niels, Christian und Felix wollten von Salzburg, wo Niels irgendeine Verpflichtung hatte, nach Oberaudorf herüberkommen und von dort aufsteigen. Carl Friedrich und ich waren schon zwei Tage vorher zur Hütte gegangen, um sie wohnlich herzurichten und mit Proviant zu versorgen. Einige Wochen vorher waren bei günstigem Wetter Kisten mit Lebensmitteln zum Brünnsteinhaus gefahren worden, von dort mussten wir sie in Rucksäcken in die knapp eine Stunde entfernte Almhütte tragen.

In diesem Anfangsstadium unserer Unternehmung gab es einige Schwierigkeiten. In der ersten Nacht, die Carl Friedrich und ich allein in der Hütte verbrachten, stürmte und schneite es unaufhörlich. Wir konnten am Morgen nur noch mit Mühe den Hütteneingang freischaufeln. Auch als wir uns gegen Mittag mit großer Anstrengung einen Weg durch den fast meterhohen Neuschnee zum Brünnsteinhaus bahnten, war noch kein Ende des Schneetreibens abzusehen, und wir fingen an, die Lawinengefahr ernst zu nehmen. Vom Brünnsteinhaus telefonierte ich verabredungsgemäß mit Niels in Salzburg, schilderte ihm die Lage auf unserem Berg und versprach, ihn am nächsten Tag zusammen mit Carl Friedrich an der Bahnstation Oberaudorf abzuholen. Niels meinte zunächst, das sei doch ganz unnötig, er, Christian und Felix würden einfach in Oberaudorf ein Taxi nehmen und zur Hütte fahren. Ich musste ihm klarmachen, dass diese Vorstellung extrem unrealistisch sei, und so blieb es bei der Verabredung in Oberaudorf. Auch in der zweiten Nacht schneite es so beständig wie in der ersten, und am Morgen war die Hütte fast im Schnee begraben. Von unserer Spur vom Tag vorher war nichts mehr zu sehen. Aber der Himmel wurde klar, das Gelände gut überschaubar, sodass man lawinengefährdete Stellen vermeiden konnte. Carl Friedrich und ich bahnten also, abwechselnd spurend, einen neuen Weg zum Brünnsteinhaus, und von dort konnten wir bergab fahrend ohne Schwierigkeiten eine Spur bis nach Oberaudorf legen. Den so gebahnten Pfad wollten wir später zum Aufstieg zusammen mit unseren Gästen benutzen. Bei klarem Himmel und ruhigem Wetter sollte er wenigstens bis zum Nachmittag erhalten bleiben.

Als wir mittags zu dem verabredeten Zug auf dem Bahnsteig in Oberaudorf standen, war jedoch von Niels, Christian und Felix nichts zu sehen. Wohl aber wurde aus einem Abteil sehr viel Gepäck ausgeladen: Skier, Rucksäcke, Mäntel, die nach der Ausrüstung unserer Gäste aussahen. Wir erfuhren vom Stationsvorsteher, dass die zum Gepäck gehörigen Reisenden dadurch, dass sie auf einer Station eine Tasse Kaffee trinken wollten, den Zug verloren hätten und nun erst mit dem nächsten Zug um vier Uhr nachmittags ankommen könnten. Mit Sorge schloss ich, dass wir den größten Teil des Aufstiegs unter sehr schwierigen Schneeverhältnissen im Dunkeln zu machen hätten. Carl Friedrich und ich benutzten die Zeit, um unnötige Gepäckstücke aus dem Kopenhagener Gepäck auszusondern; mit den körperlichen Kräften musste hausgehalten werden. Pünktlich um vier Uhr kamen unsere Gäste, und ich erklärte Niels, dass wir mit dem Weg zur Hütte noch ein Abenteuer zu bestehen hätten. Es sei so viel Schnee gefallen, dass der Aufstieg wohl einfach unmöglich wäre, wenn nicht Carl Friedrich und ich von oben kommend eine Spur in den meterhohen Neuschnee gezogen hätten.

»Das ist merkwürdig«, antwortete Niels nach einigem Nachdenken, »ich dachte immer, ein Berg ist etwas, das man von unten anfängt.«

Diese Bemerkung gab dann noch Anlass zu weiteren Betrachtungen. Es wurde daran erinnert, dass man in Amerika so etwas wie »inverses Bergsteigen« erleben könne, wenn man den Grand Canyon besuchte. Dort komme man im Schlafwagen auf 2000 Metern Höhe am Rande einer großen Wüstenebene an, von da könne man dann zum Colorado-River hinabgehen und müsse allerdings die 2000 Meter auch wieder hinaufsteigen, um den Schlafwagen zu erreichen. Aber so etwas wird dann eben »Canyon« und nicht »Berg« genannt. Mit solchen Gesprächen kamen wir in den ersten zwei Stunden gut voran. Aber ich musste damit rechnen, dass ein Aufstieg, für den man im Sommer nur zwei bis drei Stunden benötigt, unter diesen Schneeverhältnissen auch sechs oder sieben Stunden erfordern könnte. Als es völlig dunkel geworden war, gelangten wir in den mühsameren Teil unseres Weges. Ich ging voran, dann kam Niels, in der Mitte Carl Friedrich, der unseren Weg mit einem Windlicht erleuchtete, schließlich Christian und Felix. Die Spur war im Allgemeinen noch tief eingegraben und daher leicht zu finden. Nur an Stellen, die sehr frei lagen, hatte der Wind sie wieder zugeweht. Es war mir unheimlich, dass der hohe Schnee immer noch ganz pulvrig war. Da Niels schon etwas ermüdete, mussten wir langsam steigen. Es war gegen zehn Uhr abends, und ich vermutete, dass wir immer noch etwa eine halbe bis eine Stunde zum Brünnsteinhaus zu gehen hätten.

Wir passierten nun einen steilen Hang, und da geschah etwas sehr Merkwürdiges. Ich hatte das Gefühl, irgendwie ins Schwimmen zu geraten. Ich konnte meine Bewegungen nicht mehr recht kontrollieren, und plötzlich wurde ich von allen Seiten so heftig zusammengedrückt, dass ich für einen Moment nicht mehr atmen konnte. Zum Glück blieb ich mit meinem Kopf noch oberhalb der andrängenden Schneemassen, und ich konnte mich in Sekunden auch mit den Armen wieder freimachen. Ich drehte mich um. Es war völlig dunkel, und keiner der Freunde war zu sehen. Ich rief: »Niels« und erhielt keine Antwort. Ich war zu Tode erschrocken, weil ich annahm, sie seien alle in der Lawine begraben. Erst als ich mit äußerster Anstrengung auch meine Skier noch ausgegraben und freigemacht hatte, entdeckte ich weit oberhalb meiner Stellung am Hang ein Licht und rief nun ganz laut und erhielt Antwort von Carl Friedrich. Jetzt erst dämmerte es mir, dass ich offenbar ein großes Stück des Hanges von der Lawine mitgenommen worden war, ohne es zu merken. Aber zum Glück waren alle anderen noch oberhalb der Lawine geblieben, wie ich schnell durch Zuruf feststellen konnte. Es war dann nicht schwer, wieder bis zum Windlicht aufzusteigen, und wir setzten unseren Weg nun mit äußerster Vorsicht fort. Um elf Uhr nachts kamen wir im Brünnsteinhaus an und beschlossen, den Übergang zur Hütte nicht mehr zu riskieren. Wir übernachteten im Haus und kamen erst am nächsten Morgen, nach einem Weg durch blendend weiße Schneemassen unter einem dunkelblauen Himmel, zu unserer Alm.

Da uns die Anstrengung des Aufstiegs und der Schrecken über die Lawine noch in den Gliedern steckten, wurden an diesem Tage keine größeren Ausflüge mehr unternommen. Wir lagen auf dem freigeschaufelten Hüttendach in der Sonne und sprachen über die neuesten Ereignisse unserer Wissenschaft.

Am nächsten Morgen war der Himmel so blau wie am Tag vorher. Die Skier wurden gleich nach dem Frühstück angeschnallt, und wir wanderten über die Himmelmoos-Alm zum kleinen See bei der Seeon-Alm, von dort über ein Joch in den einsamen Talkessel hinter dem Großen Traithen und so von rückwärts zum Gipfel dieses unseres Hüttenberges. Auf dem Kamm, der vom Gipfel nach Osten führt, wurden wir zufällig Zeugen eines merkwürdigen meteorologischen und optischen Phänomens. Der leichte Wind, der vom Norden wehte, blies eine dünne Dunstwolke den Hang herauf, die dort, wo sie unseren Kamm erreichte, hell von der Sonne beschienen wurde; unsere Schatten waren deutlich auf der Wolke zu erkennen, und wir sahen den Schatten unseres Kopfes jeweils von einem hellen Glanz, wie von einem leuchtenden Ring, umgeben. Niels, der sich über das ungewöhnliche Phänomen besonders freute, berichtete, er habe schon früher von dieser Lichterscheinung gehört. Dabei sei auch die Meinung vertreten worden, dass der leuchtende Glanz, den wir sahen, das Vorbild für die alten Maler gewesen sei, die Köpfe der Heiligen mit einem Heiligenschein zu umgeben. »Und vielleicht ist es ja charakteristisch«, fügte er mit einem leichten Augenzwinkern hinzu, »dass man diesen Schein immer nur um das Schattenbild des eigenen Kopfes sehen kann.« Diese Bemerkung weckte natürlich großen Jubel und gab noch Anlass zu mancherlei selbstkritischen Betrachtungen. Aber wir wollten nun rasch zur Hütte und veranstalteten ein Wettrennen den Berg hinunter. Da Felix und ich besonders ehrgeizig fuhren, hatte ich beim Anschneiden eines steilen Hanges noch einmal das Pech, eine ziemlich große Lawine in Gang zu setzen. Aber zum Glück konnten wir alle oberhalb bleiben und trafen, wenn auch in großen Zeitabständen, wohlbehalten in der Hütte ein. Es war nun meine Aufgabe, das Mittagessen zu kochen, und Niels, der etwas angestrengt war, setzte sich zu mir in die Küche, während die anderen, Felix, Carl Friedrich und Christian, sich auf dem Hüttendach sonnten.

In den nächsten Tagen gab es wechselndes Wetter und verschiedene größere oder kleinere Unternehmungen: einen Aufstieg auf das Trainsjoch und Ski-Exerzitien auf dem Übungshang bei der Unterberger-Alm. Noch einmal wurden unsere Diskussionen auf das Problem der Sprache gelenkt, als Carl Friedrich und ich eines Nachmittags versucht hatten, einem Rudel Gämsen, die sich am steilen Hang des Traithen Futter suchten, mit unseren Fotokameras aufzulauern. Es war uns nicht gelungen, die Gämsen zu überlisten und hinreichend nah an das Rudel heranzukommen. Wir bewunderten den Instinkt der Tiere, der es ihnen ermöglicht, die geringsten Anzeichen der Menschen, eine Spur im Schnee, ein Knicken in den Zweigen oder einen Windhauch mit der Witterung als Zeichen der Gefahr zu deuten und den richtigen Fluchtweg zu wählen. Das gab Niels Veranlassung, über den Unterschied zwischen Intellekt und Instinkt zu meditieren.

Als die Ferientage zu Ende waren, fuhren wir mit unserem Gepäck auf der kürzeren westlichen Abstiegsroute ins Tal zwischen Bayrischzell und Landl ab. Es war ein warmer, sonniger Tag, und unten, wo der Schnee aufhörte, blühten die Leberblümchen zwischen den Bäumen, und die Wiesen waren übersät mit gelben Himmelschlüsseln. Da unser Gepäck schwer war, ließen wir beim »Zipfelwirt« zwei Pferde vor einen alten offenen Bauernwagen spannen. Noch einmal vergaßen wir, dass wir in eine Welt voll politischen Unglücks zurückkehren mussten. Der Himmel war so hell wie die Gesichter der beiden jungen Menschen Carl Friedrich und Christian, die mit uns auf dem Wagen saßen, und so fuhren wir in den bayerischen Frühling hinab.

Die Besteigung der Watzmann-Ostwand

Helma Schimke

Sonnenrast in einem Schneenest etwa fünfhundert Meter über dem Einstieg der großen Wand. Zentimeterlange Kaltschneekristalle hängen an den Wollstrümpfen, am Kapuzenrand, am Ärmelsaum. Aus der Thermosflasche fließt heißer Kakao. Ein weißes Rauchfähnchen zittert in der Luft. »Das wird guttun.«

Die nassgrauen Seilschlingen auf dem halboffenen Rucksack schiebt eine harte, breite, gefurchte Hand zur Seite, taucht in der Höhlung unter. Steifes Papier knistert – »Vielleicht ein paar Kekse?«

Ein weißer, leicht gewellter Kondensstreifen fließt über das Himmelsblau. Manchmal glitzert die Spitze in der Sonne. Und jetzt hat der Wind das Motorengeräusch zu uns herübergetragen. Ein lang ausgestreckter Arm zeichnet bedächtig einen weiten Bogen vor mir in die Luft:

»Einsam und unbegangen – dieses Hagengebirge.«

»Die Südhänge sind jetzt ockergelb wie im frühen Herbst. Genauso aper wie die Südwand des Kleinen Watzmann. Nur wir hier, in der Ostflanke, wir stecken im Schnee.«

»Weihnachten war hier auch noch alles trocken – ein fast sommerlicher Klettergenuss.«

Vor drei Wochen, ja, da ist sogar das Schiff noch über den See gefahren. Und heute? Eine starre, weißgraue Eisfläche liegt unter uns, umschließt die Halbinsel von Bartholomä.

Aus der Dämmertiefe des Eisbachtals kriechen Kälte und Schatten herein zum Einstieg der großen Wand, herauf über die türkisfarbenen Eispanzer des Schrofengürtels bis in das weite Kar.

Doch rund um unser Schneenest drängen die Strahlenfinger der frühen Sonne den Schatten in die Kamine, Rinnen und Schluchten. In der Watzmann-Ostwand ist der Tag angebrochen. Nur unten im Tal liegt noch graukalte Dämmerung. Vor wenigen Stunden waren wir über das Eis des nachtdunklen Sees hereingewandert. Die Steilabstürze des Kleinen Watzmann hatten uns dunkel und ernst entgegen gestarrt, aber die Hänge des Hagengebirges zu unserer Linken lagen im schimmernden Licht des vollen Mondes. Ein Gang an der Grenze zwischen Licht und Schatten, zwischen einst und jetzt. Ab und zu knisterte das Eis wie Feuer oder wie berstendes Glas. Dann wieder gabs einen scharfen Knall, als hätte der Blitz in unmittelbarer Nähe eingeschlagen. Die sonderbaren Geräusche hörten sich oft auch wie schnell aufeinanderfolgende Gewehrschüsse an, die sich plötzlich zu lawinenartigem Donner steigerten und in einem Brüllen ausarteten, als stünden hundert Wölfe am Ufer.

Der Mond, die Nacht, die Einsamkeit und das Grollen aus der Tiefe. In solchen Augenblicken freut man sich mit dem zweiten. Man achtet darauf, in seiner Nähe zu bleiben. Der Klang seiner festen, regelmäßigen Schritte gibt Sicherheit. Ob er es spürt, wie sehr man auf seine Gegenwart angewiesen ist? Ob er etwa auch Ähnliches denkt und fühlt? Bestimmt nicht. Er ist sich selber genug. Ein fremdes, scharfes, splitterndes Geräusch: Unwillkürlich macht man ein paar schnelle Schritte nach vorn. Glaubte man denn, das Eis würde sich öffnen? Ein prüfender, verstohlener, verschämter Blick zurück. Und jetzt lacht man sogar. Man lacht über die eigene Angst. Es drängt einen, etwas zu sagen, die Stille zu durchbrechen.

»Ich hab das nie gewusst – so ein Eissee ist ja gar nicht tot.«

»Im Gegenteil. Er führt eine recht deutliche, unheimliche Sprache. Es ist, wie um das Fürchten zu lernen.«

»Sie – und fürchten?«

»Warum nicht? Kein Mensch ist frei von Angst. Und ich habe eben Angst vor dem Wasser. Es ist mir nie gelungen, richtig schwimmen zu lernen. Wasser ist ein Element, das mir fremd ist. Unberechenbar, nie ganz durchsichtig, aber auch nicht kompakt. Unehrlich und unverlässlich.«

Wieder dieses dumpfe Brüllen, das sich steigert und diesmal sehr schnell, wie mit einem jähen Aufschrei, endet. »Es muss sehr kalt sein.« Doch wir spüren diese Kälte nicht. Wir sind schnell. Nach einer knappen Stunde Gehzeit liegt die Kapelle von Bartholomä vor uns. Bleiern und stumpf duckt sie sich in den starrenden Schatten. Über ihr ragt – schemenhaft und riesig – die große Wand. Schweigend huschen wir an den dunklen Fenstern des Gasthauses vorbei, zurück zum hohen Gatter, hinein in den hochstämmigen Wald. Laut, fast böse und aufgeregt knirscht der Schnee. Jetzt das schmale Weglein, das bald steil ansteigt. Hier haben sie damals also vorgespurt, um es am nächsten Tag leichter zu packen. Drei Monate später hat man sie auf demselben Weg zurückgetragen – hinaus zur Kapelle und zum Schiff. Bilder. Gedanken – hundert Mal schon gesehen und gedacht.

Man schöpft tief Luft und schaut nach oben. Zwischen den Baumkronen eine schmale lichte Gasse; wirr hineingestreut unruhig flimmernde Sterne.

Es gibt kein Aufbegehren. Keinen Widerspruch. Nicht einmal mehr eine ungeduldige Frage. Es ist da plötzlich etwas wie ein Glaube an den unaufhaltsamen Ablauf eines Schicksals, ein Wissen ums Unabänderliche.

Von G. ist plötzlich stehengeblieben und deutet auf mein kurzes Eisbeil.

»Ihr modernes Werkzeug ist ja recht praktisch. Aber da – nehmen Sie für den Weg zum Einstieg meinen Pickel. Er ist konservativ und lang. Die Jungen lachen mich damit aus, aber Sie werden sehen!« Er bleibt zurück und schneidet sich einen schönen praktischen Haselnussstock. Langsam und umständlich. Ich gehe voraus.

Bald erreiche ich die schmale Holzbrücke mit zehn Zentimeter hohen Pulverschneehauben auf den Pfosten. Der heurige Winter war bisher flockenarm. Trotzdem: Die Wand vor mir schimmert bleich und weiß. Sie rückt näher, schon kann ich die Bänder unterscheiden. Unten, beim Einstieg, lastet noch die Dunkelheit. Aber oben am Gipfelgrat schimmert der Fels, glitzert der Schnee im gelben Mondlicht. Zu meiner Linken drängen die Steilwände der Hachelköpfe schroff in den Nachthimmel. Ist das Licht der Sterne schon schwächer und müder geworden?

Fast horizontal leitet das bucklige gewundene Weglein hinein in den innersten Winkel des Eisbachtales. Die hohen Fichten sind zurückgeblieben, niederes Strauchwerk säumt meinen Weg. Ab und zu greifen starre Silberfinger in mein Haar. Ein paar Mal ducke ich mich erschrocken. Konrad würde mich auslachen, wenn er mich sähe: »Patscherl«, würde er lospoltern, »zum Erschrecken ist das Leben zu schön!«

Von G. hat mich eingeholt. Im Dämmerlicht steigen wir seilfrei bergan. Pulverschnee auf Eis – das ist ein langsames Höherkommen. In der Steilrinne geht es ganz gut, aber dann – bei den zwei eiserstarrten Wasserfällen knüpfen wir die Seilschlingen, stapfen weiter bis hinauf in das große, steile Kar. Knietiefer, hüfttiefer, mehliger, trockener Schnee. Ohne jede Spur. Der Sommerweg schlecht gangbar. Wir suchen Varianten: einen Risskamin, eine abschüssige Rampe, vereiste Platten, beinhart gefrorene Rasenpolster.

Tiefe Atemzüge.

Es ist Tag geworden. Hellgrün schimmern die Watzmannkinder im frühen Licht. Kühne schmale Türme, ein steiler eleganter Grat, halb im Licht, halb im Schatten. Eine dunkle Verschneidung, fast schneefrei.

Über den Himmel gleiten zartrosa Wolkenschiffe, über die Wandkrone schwimmt goldgelbes Sonnenlicht, sinkt langsam zu uns herab.

»Wollen wir rasten?«

Unwirklich der Blick in die Tiefe, in die Weite und in die Höhe. Unter uns die scharf profilierte Randkluft. Weit aufgerissen, grünblau, mit schmal geschnittenen Lippenrändern, drängt sie sich an den Bergkörper. Ein gigantisches Bühnenbild: Glasrampen, Eisbalustraden, schimmernde Pilaster.

»Herrgott – die Wand ist schön.«

Wie still sie ist. Kein Stein fällt. Keine Dohle ist zu sehen. Man hat fast das Gefühl, da unten etwas vergessen zu haben. Bis man dann weiß: Es ist nur der Lärm. Immer wieder ist es wie ein Wunder. Je öfter man zum Berg kommt, um so mehr liebt man ihn. Es ist jedes Mal wie eine Rückkehr in die Heimat. Wie ein Jasagen zu sich selbst.

Nachwort

»Wen Gott liebt, den lässt er fallen in dieses Land«, so schreibt Ludwig Ganghofer und meint damit den südlichen Teil von Bayern. Bayern ist aber überall gleich schön, interessant und liebenswert – und wo immer in Bayern die Menschen fallen gelassen werden, da sind sie daheim!

Grüß Gott in Bayern, verehrte Leserinnen und Leser. Fühlen Sie sich eingeladen auf eine Reise durch ein deutsches Bundesland, das bei gutem Wetter kitschig wie eine Ansichtskarte wirkt, dessen Bewohner nur so strotzen vor Selbstbewusstsein, in dem Gäste gerne gesehen sind und dessen Hauptstadt sich selbst als größtes Millionendorf bezeichnet.

Die Reise in diesem Band beginnt in eben jenem Millionendorf, in München. *Oskar Maria Graf* wirft einen durchaus kritischen Blick auf die provinzielle Großstadt, in der Gemütlichkeit und Gleichheit als ungeschriebenes Gesetz die Basis fürs Dableiben und Fortkommen bilden. Traditionen werden auch in München noch großgeschrieben, zum Beispiel jeden Tag um zwölf Uhr mittags, wenn auf dem Marienplatz alle Passanten die Hälse recken und nicht zum traditionell weißblauen Himmel schauen, sondern aufs Rathaus, wo seit 1908 das berühmteste Puppentheater der Welt seine Runden dreht. Das Glockenspiel hat es auch *Schalom Ben-Chorin* angetan, wenngleich er das imposante Geläute der Münchner Kirchen bevorzugt, das im Englischen Garten aus allen Himmelsrichtungen zu einem dringt. Der Monopterus, das Zentrum des Englischen Gartens, ist gleichsam der sagenhafte Ort, an dem der Autor seine Heimatgefühle verankert. Heimatgefühle werden bei vielen Münchnern auch beim Verzehr einer Weißwurst ausgelöst, wie *Klaus Reichhold* berichtet. Sie ist ursprünglich aus einer defizitären Zufälligkeit entstanden, wird nach geheimstem Geheimrezept hergestellt und ist vom bayerischen Teller nicht mehr wegzudenken. Auf dem weltberühmten Oktoberfest geht es ebenfalls »um die Wurscht«, wenn *Thomas Wolfe* nach mehreren Litern bierischen Nationalgetränks in eine zünftige Schlägerei gerät und erst wieder auf der Polizeiwache ins Leben zurück findet.

Auch nördlich der Donau genehmigt man sich gerne mal ein Schlückchen, in der Oberpfalz vorzugsweise in einem Zoigl. *Wolfgang Benkhardt* erklärt Ihnen Geschichte und Tradition jener urigen Kellerstuben. Aus kleineren Gläsern, aber genau so süffig, genießt *Kurt Tucholsky* Wein in Franken, besucht die Perlen des Spessarts und weiht Sie ein in die fränkische Winzerkultur.

In Unterfranken ist Würzburg besonders sehenswert. Dort besichtigt *Samuel Beckett* in den Dreißigerjahren Burg, Dom und Würzburger Residenz und ist begeistert, obwohl er sonst doch froh ist, wenn er aus dem Bayern des aufkeimenden Nationalsozialismus wieder weg ist. Das Zentrum Frankens, Nürnberg, ist wohl die bayerische Stadt, die am schwersten das Erbe des Dritten Reiches zu tragen hat, denn hier finden die Reichsparteitage der NSDAP statt, und hier werden die »Nürnberger Gesetze« beschlossen. *Hermann Kesten* erinnert sich daher mit gemischten Gefühlen an seine Heimatstadt. Für ihn ist sie aber vor allem auch ein Sinnbild für ein Nachkriegsdeutschland, in dem die Bürger mutig und unverzagt die Schaufel zum Wiederaufbau in die Hand nehmen und aus den Ruinen hoffnungsfroh und tatkräftig Neues entstehen lassen. Zu *Hans Christian Andersens* Zeiten ist Nürnberg noch ein Schmuckstück mit prächtigen Gebäuden, einer unbezähmbaren Ritterburg und famosen Einwohnern.

Jan Weiler begegnet während einer Lesereise dem Bamberger Rauchbier, bewundert die Steinerne Brücke in Regensburg und die postmortale Büstenwohngemeinschaft in der Walhalla. Im Weltkulturerbe Regensburg lädt Sie auch *Clau-*

dio Magris ein zum historischen Stadtbummel. Der italienische Schriftsteller folgte dem Lauf der Donau literarisch und machte somit auch in der Oberpfalz halt. Wenn Sie die Donau in Richtung Süden überqueren, werden Ihre Augen riesige Felder entdecken, auf denen Essiggurken angebaut werden. Traditions- und ackerverbunden beschreibt *Daniel Muggenthaler* diese weniger bekannte Spezialität Niederbayerns. *Emerenz Meier* hingegen entführt Sie mit einer Sage in die Tiefen des Bayerischen Waldes zu den Felsen des Dreisessels, die bei klarer Witterung – dem Teufel sei Dank – eine grandiose Aussicht auf Bayern, Böhmen und Österreich bieten.

Von hier aus geht die Reise weiter Richtung Westen nach Oberbayern, eine Region, die auch aufgrund der Bauten von König Ludwig II. zahlreiche Touristen in den Bann zieht. Mit einem Augenzwinkern lässt *Karl May* eben jenen »Märchenkönig« auf einer Bärenjagd dem gutmütigen Wurzelsepp begegnen.

Auch der katholische Glauben prägt das Land: Matthias Bichler, Protagonist in *Lena Christs* gleichnamigen Roman, ist zwar der Religion mit all ihren Facetten verpflichtet, muss allerdings erleben, dass nicht nur der liebe Gott für die Absolution der Sünden die Silberlinge einkassiert. *Ludwig Thoma* richtet sein Augenmerk auf einen anderen ländlichen Frevel: die Wilderei.

Nach dem Zweiten Weltkrieg zeigt sich Bayern in seiner ganzen Breite: auf der einen Seite das von *Eva Demski* geschilderte verschlafene Gäu, an dem der Krieg fast unbemerkt vorbeiglitt und das nun von den Amerikanern besetzt wird, auf der anderen Seite ein Ereignis nationaler Tragweite, die Geburt des deutschen Grundgesetzes, die sich laut *Horst Mönnich* 1948 im Alten Schloss auf der Herreninsel im Chiemsee vollzieht. Über Politik darf in Bayern jedoch auch immer wieder geschmunzelt werden: *Gerhard Polt* variiert die männliche

Leidenschaft des Sammelns und verrät in seiner Darstellung, warum er nicht Briefmarken-, sondern CSU-Sammler ist.

Das bayerische Volk ist nicht gerade bekannt für große Reden, sondern mehr für die Kunst des Schweigens, Weglassens oder zumindest Komprimierens ausschweifender Sachverhalte auf ein verbales »Fast nix!«. Wie es sich mit gemeinhin bekannten Flüchen als Wiedergabe des Stimmungsbarometers verhält, davon berichtet *Corinna Binzer* in original bayerischer Mundart. Gerne wendet man diese Tiraden dann auch in Gesellschaft an, zum Beispiel am Stammtisch beim Schafkopfen, wenn es um viel Kleingeld und die nächste Getränkerunde geht. *Udo Watter* schreibt mit Begeisterung, dass diese Art der Freizeitbeschäftigung gerade eine Renaissance erlebt.

In Schwaben besucht *Hermann Hesse* die Märchenstadt Augsburg und freut sich über die Schönheiten, die seinen Blicken begegnen. Und auch für akustisches Wohlempfinden steht die Region: *Martin Schleske,* Geigenbauer aus dem Allgäu, kennt die »Sängerbäume« und verbringt viele Stunden im Gebirgswald auf der Suche nach dem richtigen Holz für seine handgefertigten Geigen. Einen historischen Exkurs durch Schwaben und das Allgäu können Sie mit *Michel de Montaigne* erleben. Als er sich im Jahr 1580 auf die Reise begibt, tut er dies mit der Absicht, seine Wehwehchen und körperlichen Blessuren durch verschiedene Bäderkuren zu heilen. Doch dann erlebt er wunderbare Tage im Raum Bodensee, und seine Reise entwickelt sich zur Kulturfahrt mit neuen Erkenntnissen über das noch junge Verhältnis der protestantischen und der katholischen Kirche.

Richtung Italien ist auch *Johann Wolfgang von Goethe* unterwegs. Er streift mit Genuss durch das bayerische Voralpenland, wo er sich nicht sattsehen kann an Traumlandschaften und hohen Gebirgszügen. Am südlichen Rand Bayerns kämpft sich Physiker *Werner Heisenberg* durch Schneegestöber und Lawinen. Und einen Gipfel erklimmen Sie letztendlich mit der erfahrenen Bergsteigerin *Helga Schimke* – ganz ohne Hightech-Ausrüstung, dafür aber mit viel Leidenschaft und Durchhaltevermögen.

Und wenn Sie dann diese großartige Reise durch Bayerns Landschaften, Städte, Geschichte, Traditionen und Eigenheiten beendet haben, verehrte Leserinnen und Leser, dann verstehen und spüren Sie vielleicht, warum die Bayern ganz aufrichtig und von Herzen davon überzeugt sind:

»Wen Gott liebt, den lässt er fallen in dieses Land.«

Bianca Stein-Steffan

Worterklärungen

Auer Dult traditioneller Jahrmarkt in München

Beckett, Samuel (1906–1989), irischer Schriftsteller, der 1969 mit dem Nobelpreis für Literatur ausgezeichnet wurde

BHE Bund der Heimatvertriebenen und Entrechteten. Rechtsgerichtete politische Partei in der Bundesrepublik Deutschland in der Zeit von 1950 bis 1961

Bloch, Felix (1905–1983) schweizerisch-US-amerikanischer Physiker, der 1952 mit dem Nobelpreis für Physik ausgezeichnet wurde

Böheimerlande Böhmen

Bütikofer, Reinhard Hans (geb. 1953) deutscher Politiker der Grünen

Eppelein von Gailingen (um 1320–1381) fränkischer Raubritter, der die Handelswege im Nürnberger Raum unsicher machte

Gäu Ackerlandschaft

Gemskrikel Gamshorn

Geyer, Florian (1490–1525) fränkischer Reichsritter und Diplomat

Haberfeldtreiben ein heute nicht mehr gebräuchliches Rügegericht im Bayerischen Oberland

Hachelköpfe Gipfelkette in den Berchtesgadener Alpen, deren höchste Erhebung der Große Hachelkopf ist

Höcherl, Hermann (1912–1989) ehemaliger deutscher Politiker der CSU

Hohlmeier, Monika (geb. 1962) deutsche Politikerin der CSU

Hundhammer, Alois (1900–1974) ehemaliger bayerischer Staatsminister und Landtagspräsident sowie Mitbegründer der CSU

Joppe Jacke

Kar kesselförmige Eintiefung an einem Berghang

Kraft, Adam (um 1457–1509) deutscher Bildhauer und Baumeister zur Zeit der Spätgotik

Lachender Engel Steinfigur des Erzengels Gabriel im Regensburger Dom

Liberalitas Bavariae oberster Leitsatz von Bayern, der die Freiheit, Freigiebigkeit und die freiheitliche Gesinnung Bayerns ausdrückt

Mahler, Gustav (1860–1911) einer der bedeutendsten Komponisten der Spätromantik

Ochsensepp (hier: Josef Müller, 1898–1979) ehemaliger deutscher Politiker der CSU. Wurde 1945 der erste Vorsitzende der Partei. Sein Spitzname stammt aus der Schulzeit, in der er als Fuhrknecht arbeitete

Old Schwurhand (hier: Friedrich Zimmermann, geb. 1925) ehemaliger deutscher Politiker der CSU. Seinen Spitznamen erhielt er aufgrund eines Meineides in der so genannten »Spielbankenaffäre« 1960

Preiß Preuße. Dialektbezeichnung für Nichtbayern (abwertend: Saupreiß)

stad still, ruhig

Steinwein Wein vom sogenannten Würzburger Stein, einer Weinbaulage

Stoß, Veit (um 1447–1533) einer der bedeutendsten Bildhauer und -schnitzer der Spätgotik

Strack, Günter (1929–1999) deutscher Film-, Theater- und Fernsehschauspieler

Strauß, Franz Josef (1915–1988) ehemaliger deutscher Politiker und CSU-Vorsitzender

Tandler, Gerold (geb. 1936) ehemaliger deutscher Politiker der CSU

Vischer, Peter (um 1455–1529) Nürnberger Bildhauer und Rotschmied

Wolfratshauser Frühstück Bezeichnung eines Treffens zwischen Angela Merkel und Edmund Stoiber im Januar 2002, bei dem entschieden wurde, dass Stoiber als Kanzlerkandidat der Unionsparteien für den Bundestagswahlkampf 2002 kandidieren sollte

Wolfskehlmeister (auch: Wolfskeelmeister) ein namentlich nicht näher bekannter mittelalterlicher Bildhauer

Autorinnen und Autoren

Mit * gekennzeichnete Texte wurden für diese Anthologie vom Verlag neu betitelt.

Hans Christian Andersen
geboren 1805 in Odense, gestorben 1875 in Kopenhagen. Der dänische Dichter und Schriftsteller unternahm über dreißig Reisen nach Deutschland, England, Italien und ins Osmanische Reich. Weltweite Berühmtheit erlangte er vor allem durch seine Märchen *Die Prinzessin auf der Erbse, Die kleine Meerjungfrau* und *Die Schneekönigin.*
»Du bist doch die Hauptstadt Bayerns!«*, aus: Hans Christian Andersen, *Wem das Glück lacht. Ein Märchendichter erzählt sein Leben.* Heliopolis Verlag, Tübingen 1955.

Schalom Ben-Chorin
geboren 1913 in München, gestorben 1999 in Jerusalem. Der Zögling einer gebildeten assimilierten jüdischen Kaufmannsfamilie studierte in München und emigrierte 1935 nach Palästina. Nach dem Zweiten Weltkrieg gründete er die erste jüdische Reformgemeinde in Israel und gehörte zum Gründungskomitee des Verbands deutschsprachiger Schriftsteller Israels.
»Münchner Glockenspiele«* (»Prolog: Glockenspiel«), aus: Schalom Ben-Chorin, *Jugend an der Isar.* Deutscher Taschenbuch Verlag, München 1988. © Erben nach Schalom Ben-Chorin 1999.

Wolfgang Benkhardt
geboren 1964 in Weiden. Der gebürtige Oberpfälzer veröffentlichte als Autor und Journalist zahlreiche Artikel in verschiedenen Zeitungen und zwei Bücher über die kulturellen Sehenswürdigkeiten und landschaftlichen Schönheiten in der Oberpfalz. Seit 2011 leitet Benkhardt den Buch- und Kunstverlag in der Oberpfalz.
»Der Zoigl – Bierkult aus der Oberpfalz«* (»Von Bierverhunzern und Teufelsbrauern«), aus: Wolfgang Benkhardt: *Der Zoigl. Bierkult aus der Oberpfalz.* © Buch- und Kunstverlag Oberpfalz, Amberg 2009.

Corinna Binzer
geboren 1967 in München. Die Volksschauspielerin und Buchautorin erfand 1987 die Figur des Sepp Sturm, der in Mundart Hintergründiges und Beobachtungen der bayerischen Seele zum Besten gibt. Binzer spielte Rollen im Komödienstadl und in Markus Rosenmüllers erfolgreichem Film *Wer früher stirbt, ist länger tot.*
»G'redt is glei – Gedanken eines bayerischen Grantlers«* (»G'redt is glei«), aus: Corinna Binzer, *Münchner »Sturmwarnung« III. Hinterhofgedanken eines typischen Münchner Grantlers.* © Alois Knürr Verlag, München 2011.

Lena Christ
geboren 1881 in Glonn, Oberbayern, gestorben 1920 in München. Einer der bedeutendsten bayerischen Schriftstellerinnen um die Jahrhundertwende. Ihre Werke geben tiefe Einblicke in ihre eigene schwierige Lebenssituation, aber auch in die Sitten und armen Verhältnisse der arbeitenden Klasse und der ländlichen Bevölkerung zu Beginn des zwanzigsten Jahrhunderts.
»Die Wallfahrt«, aus: Lena Christ, *Gesammelte Werke.* Süddeutscher Verlag, München 1984.

Eva Demski
geboren 1944 in Regensburg. Arbeitete im Theater, als Verlagslektorin und Übersetzerin. Neben vielen anderen Auszeichnungen erhielt Demski 1987 den Kulturpreis der Stadt Regensburg. Die Geschichte des farbigen Mädchens Afra zählt zu den wichtigsten Publikationen ihrer schriftstellerischen Karriere.
»Als der Krieg vorbei war – aus einem bayerischen Dorf«*, aus: Eva Demski, *Afra.* © Frankfurter Verlagsanstalt, Frankfurt am Main 1992.

Johann Wolfgang von Goethe
geboren 1749 in Frankfurt am Main, gestorben 1832 in Weimar. Verfasste Gedichte, Dramen, Erzählungen, autobiografische Schriften, Reiseberichte und naturwissenschaftliche Abhandlungen und bekleidete politische Ämter. Er war einer der wichtigsten Vertreter der sogenannten Sturm und Drang-Zeit. Goethes Gesamtwerk gilt als einer der Höhepunkte der Weltliteratur.
»Auf dem Weg in den Süden«* (»Carlsbad bis auf den Brenner«), aus:

Johann Wolfgang von Goethe, *Sämtliche Werke Bd. 15, Italienische Reise*, hg. von Andreas Beyer und Norbert Mitter. Hanser Verlag, München 1992.

Oskar Maria Graf
geboren 1894 in Berg am Starnberger See, gestorben 1967 in New York. Wuchs in Oberbayern auf und schloss sich während des Ersten Weltkriegs der revolutionären Bewegung in München an, im Dritten Reich wurden seine Bücher verbrannt. 1938 floh Graf in die USA, wo er stets, gekleidet in Lederhosen, seine Verbundenheit zur bayerischen Heimat zelebrierte.
»... München?«, aus: Oskar Maria Graf, *Notizbuch des Provinzschriftstellers Oskar Maria Graf 1932*. Allitera Verlag, München 2002. © List Verlag in der der Ullstein Buchverlage GmbH, Berlin 2002.

Werner Heisenberg
geboren 1901 in Würzburg, gestorben 1976 in München. Begründer der Quantenmechanik und einer der bedeutendsten Physiker des zwanzigsten Jahrhunderts. Für seine naturwissenschaftlichen Entdeckungen und Erfindungen erhielt er unter anderem den Nobelpreis für Physik (1932) und die Max-Planck-Medaille (1933). Heisenberg war Mitglied in vielen Akademien der Wissenschaften und erhielt von mehreren Universitäten die Ehrendoktorwürde. Eine Büste von Heisenberg steht in der Ruhmeshalle in München.
»Eine Skitour in den Bergen Oberbayerns«*, aus: Werner Heisenberg, *Der Teil und das Ganze. Gespräche im Umkreis der Atomphysik*. © Piper Verlag, München 1969.

Hermann Hesse
geboren 1877 im württembergischen Calw, gestorben 1962 bei Lugano. Gilt als einer der bedeutendsten deutschsprachigen Schriftsteller und Dichter des zwanzigsten Jahrhunderts. In seiner autobiografischen Erzählung *Die Nürnberger Reise* von 1927 setzt er sich kritisch mit dem Zeitgeist der Zwanzigerjahre auseinander. Hermann Hesse bekam 1946 den Nobelpreis für Literatur verliehen.
»Augsburgs bleibende Bilder«*, aus: Hermann Hesse, *Ausgewählte Schriften Bd. 5, Autobiografische Schriften, Die Nürnberger Reise*. © Suhrkamp Verlag, Frankfurt am Main 1994.

Hermann Kesten

geboren 1900 in Podwoloczyska, Galizien, gestorben 1996 in Basel. Der Schriftsteller jüdischen Glaubens wuchs in Nürnberg auf und studierte in Erlangen und Frankfurt. 1933 emigrierte er zunächst nach Frankreich, Holland und in die USA, bevor er in Basel seine neue Heimat fand. Kesten wurde für sein schriftstellerisches Wirken mit mehreren Ehrungen gewürdigt.

»Wiedersehen mit Nürnberg«, aus: *Hermann Kesten, Mit Menschen leben.* ars vivendi Verlag, Cadolzburg 1999. © Erben nach Hermann Kesten 1996.

Claudio Magris

geboren 1939 in Triest, Italien. Der Schriftsteller, Essayist, Kolumnist der Tageszeitung *Corriere della Sera* und Professor für Deutsche Literatur in Triest gilt als einer der besten Kenner der Literatur und Geschichte Mitteleuropas. Magris' umfassendes literarisches Werk wurde mit vielen Preisen und Ehrungen gewürdigt, darunter 2009 der Friedenspreis des Deutschen Buchhandels.

»In Regensburg«* (»Regensburg«), aus: Claudio Magris, *Die Donau. Biografie eines Flusses.* © Carl Hanser Verlag, München 1988. Aus dem Italienischen von Heinz-Georg Held.

Karl May

geboren 1842 in Ernstthal, gestorben 1912 in Radebeul. Gehörte in seiner Zeit zu den produktivsten Schriftstellern deutscher Sprache. Seine Abenteuerromane, Erzählungen und Kolportageromane wurden in mehr als dreißig Sprachen übersetzt. Legendär und unvergessen ist sein mehrbändiges Werk mit den Hauptakteuren Winnetou und Old Shatterhand.

»Begegnung mit Ludwig II.«*, aus: Karl May, *Der Weg zum Glück.* Weltbild Verlag, Augsburg 1999.

Emerenz Meier

geboren 1874 in Schiefweg bei Waldkirchen, Niederbayern, gestorben 1928 in Chicago, USA. Schrieb von Kindheit an Geschichten über ihre Heimat Niederbayern und veröffentlichte ihre Texte in Zeitschriften. Während des Ersten Weltkriegs wanderte sie in die USA aus. Meier gilt als eine der bedeutendsten bayerischen Volksdichterinnen.

»Waldlore – eine Sage aus dem Bayerischen Wald«* (»Waldlore«), aus:

Emerenz Meier, *Gesammelte Werke. Erzählungen.* Morsak Verlag, Grafenau 1991.

Horst Mönnich
geboren 1918 in Senftenberg. Veröffentlichte Romane und Reisereportagen über die BRD und die DDR und war Mitglied der Gruppe 47. Für seine Hörspiele erhielt er 1967 und 1970 den Ernst-Reuter-Preis. Mönnich lebt als freier Schriftsteller in Breitbrunn am Chiemsee.
»Die Geburt des Grundgesetzes«, aus: Merian Chiemgau, Nummer 7, 37. Jahrgang. © Horst Mönnich 1984.

Michel de Montaigne
geboren 1533 in Perigord, gestorben 1592 ebenda. Ein Freidenker, der sich mit Humanismus, Literatur, Philosophie, Sittlichkeit und Erziehung auseinandersetzte, gedanklicher Vorreiter für Philosophen wie Voltaire und Nietzsche. Eine chronische Nierenkrankheit verleitete ihn zu einer Bäderreise nach Italien, die ihn auch durch verschiedene französische und süddeutsche Städte führte.
»Reise durch Schwaben«*, aus: Michel de Montaigne, *Tagebuch einer Reise nach Italien über die Schweiz und Deutschland.* © Marix-Verlag, Wiesbaden 2005. Aus dem Französischen von Ulrich Bossier.

Daniel Muggenthaler
geboren 1964 in Cham. Der studierte Volkskundler und Historiker arbeitete viele Jahre als freier Autor und Journalist bei verschiedenen Zeitungen und Verlagen. Muggenthaler lebt mit seiner Familie in Niederbayern und gehört zur seltenen Spezies des Hausmannes.
»Sie is a Mistviech! – Über die Essiggurke«* (»Sie is a Mistviech!«), aus: Hubert Ettl (Hg.): *Niederbayern. Reise-Lesebuch.* Lichtung Verlag, Kiechtach 1997. © Daniel Muggenthaler 1997.

Gerhard Polt
geboren 1942 in München. Der Schauspieler, Kabarettist, Poet und Philosoph ist zu Hause auf allen deutschen und internationalen Bühnen, im Fernsehen und in Filmen, und immer glänzt er in Rollen von kleingeistigen Normalbürgern, die mit großer Selbstverständlichkeit ihre Sicht der Dinge zum Maßstab der Welt erklären. Für diese Fähigkeit erhielt er zahlreiche Preise und Ehrungen.

»Der CSU-Sammler«, aus: Gerhard Polt, *Drecksbagage.* © Kein und Aber Verlag, Zürich 2008.

Steffen Radlmaier

geboren 1954 in Nürnberg. Neben seiner Arbeit als Feuilletonchef der *Nürnberger Nachrichten* veröffentlichte der Musikkritiker und Journalist zahlreiche Bücher, die sich mit Themen aus Franken und dem Nürnberger Raum beschäftigen.

»Mit Samuel Beckett in Würzburg«*, aus: Steffen Radlmaier, *Beckett in Bayern. Ich bin froh, wenn ich hier weg bin.* © Kleebaum Verlag, Bamberg 2011.

Klaus Reichhold

geboren 1963 in München. Startete seine journalistische Karriere bei der *Süddeutschen Zeitung*, arbeitete als freier Dozent und als Hörfunkredakteur beim Bayerischen Rundfunk und war Redaktionsleiter beim Bayerischen Fernsehen. Reichhold publiziert zudem Bücher zum Thema bayerische Kultur.

»Warum die Weißwurscht ein Faschingsscherz ist«, aus: Klaus Reichhold, *Heimatkunde Bayern.* © Hoffmann und Campe Verlag, Hamburg 2010.

Helma Schimke

geboren 1926 in Seekirchen im Salzburger Land. Zählte in den Fünfziger- und Sechzigerjahren zu den besten Bergsteigerinnen der Welt. Die studierte Architektin erklomm die höchsten Berggipfel der Alpen und verewigte in Publikationen ihre Eindrücke und Erlebnisse in den Bergen. *Über allem der Berg* wurde 2002 in einer Dokumentation verfilmt.

»Die Besteigung der Watzmann-Ostwand«* (»Watzmann-Ostwand im Winter«), aus: Helma Schimke, *Über allem der Berg. Geschehnis und Einsicht an einer Lebenswende.* Verlag Das Bergland-Buch, Salzburg/Stuttgart 1964. © Helma Schimke 1964.

Martin Schleske

geboren 1965 in Stuttgart. Einer der renommiertesten Geigenbauer der Welt. Zusammen mit zwei Gesellen baut er in seiner Werkstatt in Grubmühl bei Starnberg jährlich zwölf bis fünfzehn handgefertigte Geigen. Schleske ist Mitglied der Künstlergruppe »Das Rad«.

»Auf der Suche nach dem perfekten Klang – ein Geigenbauer erzählt«* (»Der Sängerstamm«), aus: Martin Schleske, *Der Klang. Vom unerhörten Sinn des Lebens.* © Kösel-Verlag in der Verlagsgruppe Random House GmbH, München 2010.

Ludwig Thoma

geboren 1867 in Oberammergau, gestorben 1921 in Rottach am Tegernsee. Arbeitete als Anwalt in München, veröffentlichte Satiren im *Simplizissimus* und war Mitherausgeber des *März.* Schriftstellerische Berühmtheit erlangte er durch seine *Lausbubengeschichten.* Thomas Gesamtwerk ist gekennzeichnet durch sein anhaltendes Bemühen, die herrschende Scheinmoral bloßzustellen.
»Der Menten-Seppei. Eine altbayerische Wilderergeschichte«* (»Der Menten-Seppei«), aus: Ludwig Thoma, *Tante Frieda und andere Erzählungen.* R. Piper & Co. Verlag, München/Zürich 1978.

urt Tucholsky

geboren 1890 in Berlin, gestorben 1935 in Göteborg, Schweden. Tucholsky zählt zu den bedeutendsten Publizisten der Weimarer Republik. Als Mitherausgeber der Wochenzeitschrift *Die Weltbühne* und überzeugter Pazifist warnte er schon früh vor rechten politischen Tendenzen in Deutschland. 1930 wanderte Tucholsky nach Göteborg aus, wo er sich fünf Jahre später das Leben nahm.
»Das Wirtshaus im Spessart«, aus: Kurt Tucholsky, *Panter, Tiger & Co.* Rowohlt Taschenbuch Verlag, Reinbek 1954.

Udo Watter

geboren 1970 in Regensburg. 1982 bis 1991 besuchte er das Musikgymnasium der Regensburger Domspatzen, anschließend studierte er Germanistik und Geschichte in Regensburg und Dublin. Seit 2000 ist Watter Mitarbeiter der *Süddeutschen Zeitung.*
»Wenn der Ober den König sticht – Schafkopfen für Anfänger«* (»Wenn der Ober den König sticht«), aus: Sabine Reithmaier (Hg.): *Schäfflertanz & Perchtenlauf. Lebendiges Brauchtum in Altbayern.* © Süddeutsche Zeitung Edition, München 2009.

Jan Weiler
geboren 1967 in Düsseldorf. Nach dem Studium an der Deutschen Journalistenschule in München arbeitete er viele Jahre als Chefredakteur des *Süddeutsche Zeitung Magazins*. Bekannt wurde Weiler als Schriftsteller mit seinem Buch *Maria, ihm schmeckt`s nicht*.
»Ein Autor auf Lesereise«*, aus: Jan Weiler, *In meinem kleinen Land*. © Rowohlt Verlag, Reinbek 2006.

Thomas Wolfe
geboren 1900 in Asheville, North Carolina, gestorben 1938 in Baltimore, Maryland. Amerikanischer Schriftsteller mit großer Empathie für Deutschland und scharfsinnigem Blick für die dramatischen Verhältnisse, denen er während seines Besuchs bei den Olympischen Spielen in Berlin 1936 gewahr wurde. Wolfe unternahm insgesamt sechs Reisen nach Europa und starb mit nur achtunddreißig Jahren an Tuberkulose.
»Ein Besuch auf dem Oktoberfest«*, aus: Thomas Wolfe, *Oktoberfest*. © Manesse Verlag, Zürich, in der Verlagsgruppe Random House GmbH, München 2010. Aus dem Englischen von Irma Wehrli.

Der Verlag dankt den Autorinnen und Autoren dieses Bandes bzw. deren Vertretern für die Überlassung der Abdruckrechte. Trotz intensiver Bemühungen konnten in einzelnen Fällen die Rechteinhaber nicht ermittelt werden. Sie werden gebeten, sich mit dem Verlag in Verbindung zu setzen.
Even with great effort some of the copyright holders could not be found. They are kindly requested to contact Unionsverlag.

Die Herausgeberin

Bianca Stein-Steffan, geboren 1959, studierte Geschichte, Romanistik und Bayerische Landesgeschichte und arbeitete als Historikerin und Sprachwissenschaftlerin. Heute ist sie Leiterin des Programmbereichs Sprachen an der Volkshochschule Rosenheim.

Bildnachweis

7 Bavaria-Statue in München (Foto Flo B)
10 Englischer Garten München mit Monopterus, Gemälde von Michael Zeno Diemer (um 1900; Ausschnitt)
15 Weißwürste (Foto Manfred Walker)
18 Sonderbriefmarke der Deutschen Post »200 Jahre Oktoberfest« (2010)
24 Bierstern in Bamberg (Foto barockschloss)
31 Schild der Winzergemeinschaft Franken (Foto barockschloss)
39 Deckenfresko von Giovanni Tiepolo in der Würzburger Residenz (um 1753)
43 Stich »Die Anno 1700 erbaute Brücke über den Pegnitz-Fluss« von Johann Adam Delsenbach (um 1750; Ausschnitt)
50 Holzschnitt der Stadt Nürnberg aus Hartmann Schedels *Weltchronik* (1493; Ausschnitt)
55 Altes Rathaus Bamberg (Foto Elheim)
65 Kunstdruck »Steinerne Brücke« von Rafael Knobloch (Ausschnitt)
72 Cucumis sativus (Gurke) aus *The American Cyclopaedia* von George Ripley und Charles A. Dana (1873)
76 Christusdarstellung mit dem Teufel und der Schlange (1585)
85 Fotografie von Ludwig II. (um 1874)
93 Andachtsbild einer Wallfahrt nach Birkenstein (1860)
100 Strichzeichnung »Wilderer« von Adolf Lüben (1883)
106 Ansicht eines Fachwerkhauses
114 Fresko »Altes Schloss« im Kloster Herrenchiemsee (Ausschnitt)
122 Sonderbriefmarke der Deutschen Post »80. Geburtstag von Franz Josef Strauß« (1995)
125 Knopflederhose (Foto Claude Truong-Ngoc)
133 Abbildung eines Bayerischen Blattes
138 Holzschnitt der Stadt Augsburg aus Hartmann Schedels *Weltchronik* (1493; Ausschnitt)
144 Gemälde »Geigenbauer Otto Möckel in seiner Werkstatt« von Fritz Tennigkeit (um 1925)
149 Strichzeichnung von Michel de Montaigne (um 1570)
159 Lüftlmalerei »Goethe auf dem Weg nach Italien« in Mittenwald, Oberbayern (Foto Franzfoto)

163 Skifahrer bei der Karwendelgruppe (1929; Bundesarchiv; Ausschnitt)
170 Gemälde »Der Watzmann« von Caspar David Friedrich (um 1825; Ausschnitt)

Foto Umschlaginnenseite: Daniel9999

»Was der klassische Reiseführer nicht leisten kann, fördern die handlichen Bände gezielt zutage.«
Der Tagesspiegel

Ägypten (UT 439)
Hg. von Lucien Leitess

Argentinien (UT 473)
Hg. von Eva Karnofsky

Bali (UT 401)
Hg. von Lucien Leitess

Bayern (UT 554)
Hg. von Bianca Stein-Steffan

Belgien (UT 511)
Hg. von Françoise Hauser

China (UT 438)
Hg. von Françoise Hauser

Emirate (UT 510)
Hg. von Lucien Leitess

Himalaya (UT 421)
Hg. von Alice Grünfelder

Hongkong (UT 475)
Hg. von Françoise Hauser

Indien (UT 423)
Hg. von Dieter Riemenschneider

Indonesien (UT 476)
Hg. von Lucien Leitess

Innerschweiz (UT 513)
Hg. von Franziska Schläpfer

Island (UT 470)
Hg. von Sabine Barth

Japan (UT 469)
Hg. von Françoise Hauser

Kanada (UT 508)
Hg. von Anke Caroline Burger

Kapverden (UT 509)
Hg. von Hans-Ulrich Stauffer

Kolumbien (UT 548)
Hg. von Ingolf Bruckner

Kreta (UT 472)
Hg. von Ulrike Frank

Kuba (UT 550)
Hg. von Eva Karnofsky

London (UT 512)
Hg. von Holger Ehling

Malediven (UT 507)
Hg. von Françoise Hauser

Marokko (UT 422)
Hg. von Lucien Leitess

Mexiko (UT 441)
Hg. von Anja Oppenheim

Myanmar (UT 443)
Hg. v. Alice Grünfelder u. Lucien Leitess

Namibia (UT 553)
Hg. von Hans-Ulrich Stauffer

Norwegen (UT 506)
Hg. von Stefanie Lind

Patagonien und Feuerland (UT 547)
Hg. von Gabriele Eschweiler

Provence (UT 440)
Hg. von Ulrike Frank

Sahara (UT 471)
Hg. von Lucien Leitess

Schweden (UT 552)
Hg. von Gunilla Rising Hintz u. Ralf Laumer

Schweiz (UT 420)
Hg. von Franziska Schläpfer

Sizilien (UT 551)
Hg. von Leoluca Orlando u. Ulla Steffan

Südafrika (UT 549)
Hg. von Manfred Loimeier

Tessin (UT 442)
Hg. von Franziska Schläpfer

Thailand (UT 400)

Toskana (UT 474)
Hg. von Manfred Görgens

Mehr über alle Reisebände auf *www.unionsverlag.com/reise*